Alguns poemas

Emily Dickinson

ALGUNS POEMAS

Tradução
José Lira

ILUMI//URAS

Copyright © 2006
José Lira

Copyright © 2006 desta edição
Editora Iluminuras Ltda.

Capa
Marcelo Girard

Foto do marcador
Emily Dickinson aos dezessete anos, daguerreótipo de 1847.

Revisão
Lúcia Brandão

DADOS INTERNACIONAIS DE CATALOGAÇÃO NA PUBLICAÇÃO (CIP)
(Câmara Brasileira do Livro, SP, Brasil)

Dickinson, Emily, 1830-1886.
 Alguns poemas / Emily Dickinson ; tradução José Lira. — São Paulo : Iluminuras, 2006 — 2. reimpressão, 2013.

Bibliografia
ISBN 85-7321-254-3

1. Dickinson, Emily, 1830-1886 - Crítica e interpretação 2. Poesia norte-americana I. Título

06-8715 CDD-811.4

Índices para catálogo sistemático

1. Poesia : Literatura norte-americana   811.4

2024
ILUMI*N*URAS
desde 1987

Rua Salvador Corrêa, 119 | Aclimação | São Paulo, SP | Brasil
04109-070 | Telefone: 55 11 3031-6161
iluminuras@iluminuras.com.br
www.iluminuras.com.br

ÍNDICE

Prefácio, 19
Paulo Henriques Britto

Emily Dickinson: a críptica beleza, 21
José Lira

ALGUNS POEMAS

A ÁUREA PRESENÇA

Eu canto para usar a espera, 43
I sing to use the waiting
Na partida aprendemos, 43
We learn in the retreating
A mais doce heresia dada, 45
The sweetest heresy received
Da acolhedora cova eu ergo-te, 45
Back from the cordial grave I drag thee
No meu vulcão reserva a relva, 47
On my volcano grows the grass
A cova é a pequenina casa, 47
The grave my little cottage is
Eu já ouvi a voz de um órgão, 49
I've heard an organ talk, sometimes
Longe uma pálida estrela, 49
Lightly stepped a yellow star
O elísio é tão longe quanto, 51
Elysium is as far as to
Enfim chegou porém a morte, 51
It came at last but prompter death
Ela se submeteu - desfez-se, 53
She rose to his requirement - dropt

Ó mel de breve odor, 53
Oh honey of an hour
"Mamãe" não larga os passarinhos, 55
"Mama" never forgets her birds
Caiu tão frágil - aos meus olhos, 55
It dropped so low - in my regard
O perder tudo - me livrou, 57
The missing all - prevented me
Ata-me - ainda hei de cantar, 57
Bind me - I still can sing
Pensei que a paz já tinha vindo, 59
I many times thought peace had come
Que nunca mais virá de novo, 59
That it will never come again
Quem quer que desiluda, 61
Whoever disenchants
Nenhuma vida é esférica, 61
Except the smaller size
Este pó já foi damas e senhores, 63
This quiet dust was gentlemen and ladies
Borboletas assim se vêem, 63
Some such butterfly be seen
Não ver no mundo a sua face, 65
Not in this world to see his face
Não nos atraem os enigmas, 65
The riddle we can guess
Penso - o mundo é restrito, 67
I reason, earth is short
A natureza é o que sabemos, 67
Nature is what we know
Me dei a ele - e em paga, 69
I gave myself to him
O impossível, como o vinho, 71
Impossibility, like wine
Lemos num livro extraordinário, 71
We read in a tremendous book
Florir - é um fim - casualmente, 73
Bloom - is result - to meet a flower
A ti ó celeste hóstia, 75
Given in marriage unto thee
A certeza química, 75
The chemical conviction
Tão acanhada ao vê-la, 77
So bashful when I spied her

O céu não nos usurpa nada, 77
Not one by heaven defrauded stay
Óleos voláteis - são prensados, 79
Essential oils - are wrung
O mais longo dos dias, 79
The vastest earthly day
A fala é um sinal de afeto, 81
Speech is one symptom of affection
O erro está na estimativa, 81
The blunder is in estimate
Eu não tenho outra vida, 83
I have no life but this
Sem ver, ainda se sabe, 83
Not seeing, still we know
Eu te dou a prova, 85
That I did always love
É certa a opinião geral, 85
Confirming all who analyze
Minha pátria não vai mudar o traje, 87
My country need not change her gown
Não pedi outra coisa, 87
I asked no other thing
Deus deu um pão a cada ave, 89
God gave a loaf to every bird
Sem pausa - como uma cantiga, 91
Over and over, like a tune
A alta cadeira sobre o vale, 91
The mountain sat upon the plain
Bacharelado de setembro, 93
September's baccalaureate
Ó sombra sobre a relva, 93
Oh shadow on the grass
"Fiéis até o fim" acrescentado, 95
"Faithful to the end" amended
Tão miserável é aquele, 95
How destitute is he
Nossa vida é suíça - calma - fria, 97
Our lives are swiss - so still - so cool
Eis minha carta ao mundo, 97
This is my letter to the world
Pensei que o trem nunca viria, 99
I thought the train would never come
Por intuições e por sofismas, 99
By homely gift and hindered words

Se um amante é um pedinte, 101
When a lover is a beggar
A morte é um diálogo, 101
Death is a dialogue between
As coisas que queríamos ter feito, 103
The things we thought that we should do
A memória é um sino original, 103
Memory is a strange bell
Tão altiva morria, 105
So proud she was to die
Já vi um olho morrendo, 105
I've seen a dying eye
Não me viesse o céu tão perto, 107
Except the heaven had come so near
Se ao mar se foi meu barco, 107
Whether my bark went down at sea
Se ao abelhão a flor-de-maio, 109
Did the harebell loose her girdle
Um ímpeto não refreado, 109
A transport one cannot contain
Pousou hoje num galho o pássaro mais belo, 111
The most triumphant bird I ever knew or met
O coração tem muitas portas, 111
The heart has many doors
A natureza usa amarelo, 113
Nature rarer uses yellow
Sorte não é chance - é esforço, 113
Luck is not chance - it's toil
Mais só talvez seria, 115
It might be lonelier
Tem frente e fundos a memória, 117
Remembrance has a rear and front
Quem não achou o céu na terra, 117
Who has not found the heaven - below
Eu nunca vi um mangue, 119
I never saw a moor
Púrpura - é moda duas vezes, 119
Purple - is fashionable twice
Orgulho em meu coração partido, desde que o partiste, 121
Proud of my broken heart, since thou didst break it
Esses dias febris - levá-los à floresta, 121
These fevered Days - to take them to the forest
Meu rio quer te encontrar, 123
My river runs to thee

Se o sol se põe em ti, 123
So set its sun in thee
O outono riu de minhas malhas, 125
Autumn - overlooked my knitting
Sondaram nosso horizonte, 125
These tested our horizon
Flores - bem - se se pudesse, 127
Flowers - well - if anybody
Há dois "eu posso" e um "eu preciso", 127
There are two mays and then a must
Somos felizes - e um estranho, 129
So glad we are - a stranger'd deem
Uma sombra perpassa-me a razão, 129
A shade upon the mind there passes
A luz completa-se a si própria, 131
Light is sufficient to itself
Chega sem pressa - éden, 131
Come slowly - eden
A dama trata o passarinho, 133
The lady feeds her little bird
O cérebro dentro do encaixe, 133
The brain, within its groove
Fazer a toalete - após a morte, 135
To make one's toilette - after death
A brasa arde e enrubesce, 135
The smouldering embers blush
No coração a mente, 137
The mind lives on the heart
É um médico o céu, 137
Is heaven a physician
Por Deus, partiu como um soldado, 139
Bless God, he went as soldiers
Assim no campo a margarida, 139
So has a daisy vanished
Do coração que entra em casa e fecha a porta, 141
Of the heart that goes in, and closes the door
Pressentimento - é a longa sombra no gramado, 141
Presentiment - is that long shadow on the lawn
Estar viva - é poder, 143
To be alive - is power
A gangue dentro da alma, 143
The mob within the heart
Para limpar o armário antigo, 145
That sacred closet when you sweep

Serve-te como a abelha, 145
Partake as doth the bee
Guarda meus fios e agulhas, 147
Don't put up my thread and needle
Ninguém conhece esta rosa, 149
Nobody knows this little rose
O silêncio amedronta, 149
Silence is all we dread
Tanta flor fana-se no bosque, 151
How many flowers fail in wood
O poeta acende lâmpadas, 151
The poets light but lamps
Dizem que "o tempo tudo cura", 153
They say that "time assuages"
A ambição não o encontra, 153
Ambition cannot find him
Estão de volta os que sumiram, 155
The ones that disappeared are back
O fato de que a terra é o céu, 155
The fact that earth is heaven
Eis dois pores-de-sol - o dia e eu, 157
I send two sunsets - day and I
Tomei na mão a minha força, 157
I took my power in my hand
A solidão que ninguém sonda, 159
The loneliness one dare not sound
Longe do mar a lua fica, 161
The moon is distant from the sea
Por companhia esta agonia, 161
Society for me my misery
Não interessa à abelha (versão 1), 163
The pedigree of honey
Não interessa à abelha (versão 2), 163
The pedigree of honey
Um vento do sul - tem apelos, 165
A south wind - has a pathos
Há alguns como eu fora de casa, 165
Away from home are some and I
Por uma flor - uma carta, 167
By a flower - by a letter
É mais fácil chorarmos, 167
'Tis easier to pity
Eu mesma a mim - banir-me, 169
Me from myself - to banish

Humildes rios - a algum mar servis, 169
Least rivers - docile to some sea
Como da terra o ágil balão, 171
As from the earth the light balloon
Com a neve chegas, 171
In snow thou comest
A primavera é a época do ano, 173
Spring is the period
Mariposas desse matiz, 173
A moth the hue of this
As tarefas da casa, 175
The bustle in a house
Frios de outono não lhe ferem, 175
No autumn's intercepting chill
Oculta vive essa importante, 177
The most important population
Tão tênues como o amanhã, 177
As subtle as tomorrow
Só de uma crucificação se fala, 179
One crucifixion is recorded - only
Depois de dias de doença, 181
My first well day - since many ill
Um charme investe a face, 185
A charm invests a face
Deus é de fato um Deus ciumento, 185
God is indeed a jealous God
A distância entre nós e os mortos, 187
The distance that the dead have gone
Chegou o enterro ao cemitério, 187
A train went through a burial gate
Faça larga esta cama, 189
Ample make this bed
Dentro de minha flor - me escondo, 189
I hide myself - within my flower
Há solitude pelo espaço, 191
There is a solitude of space
O estímulo de ver seu rosto, 191
The stimulus, beyond the grave
Eis os produtos do meu sítio, 193
The products of my farm are these
É um digno pensamento, 193
It is an honorable thought
Papai do céu trata sem pena, 195
Far from love the heavenly father

Que o amor é tudo que existe, 195
That love is all there is
Leva-me assim de novo à morte, 197
So give me back to death
O paraíso é uma escolha, 197
Paradise is of the option
Mais do que a cova me é vedado, 199
More than the grave is closed to me
Uma covinha vai tornar, 199
A dimple in the tomb
Tão plausível se torna, 201
The vision - pondered long
Surpresa é um frêmito - picante, 201
Surprise is like a thrilling - pungent
A fama me reconhecesse, 203
Fame of myself, to justify
Beleza mata-me de arrocho, 203
Beauty crowds me till I die

UMA ARMA CARREGADA

Porque não tinha tempo para a morte, 207
Because I could not stop for death
Melhor perder-te do que todo o resto, 209
To lose thee - sweeter than to gain
Num pedaço de terra devastada, 209
On the bleakness of my lot
Provo desse licor inconfundível, 211
I taste a liquor never brewed
A morte dá significado a objetos, 213
Death sets a thing significant
Uma bênção obtive que tão grande, 215
One blessing had I than the rest
O cérebro - é mais amplo do que o céu, 217
The brain - is wider than the sky
Acharemos o cubo do arco-íris, 217
We shall find the cube of the rainbow
Na querida moldura exposta ao tempo, 219
On that dear frame the years had worn
Seus seios uma pérola merecem, 219
Her breast is fit for pearls
Inventar uma vida é fácil, 221
It's easy to invent a life
Vai para o teu encontro luminoso, 221
Pass to they rendezvous of light

Abrir com devoção, guardada há anos, 223
In ebon box, when years have flown
Morri pela beleza - e em minha cova, 225
I died for beauty - but was scarce
Jovem de Atenas, é necessário, 225
Lad of Athens, faithful be
Saí cedo - meu cão levei comigo, 227
I started early - took my dog
Minha vida era uma arma carregada, 229
My life had stood - a loaded gun
Tinha entre os dedos uma jóia, 231
I held a jewel in my fingers
O fruto proibido tem um gosto, 231
Forbidden fruit a flavor has
De dentro do casulo a borboleta, 233
From cocoon forth a butterfly
Um longo - longo sono - um augusto - sono, 235
A long - long sleep - a famous - sleep
Tudo pode ajustar-se exceto a morte, 235
All but death, can be adjusted
Não tive tempo para o ódio, 237
I had no time to hate
Fosse fiel o diabo, 237
The devil - had he fidelity
Minha vida acabou por duas vezes, 239
My life closed twice before its close
Quando a noite se acaba, 239
When night is almost done
A sombra amiga - para os dias quentes, 241
A shady friend - for torrid days
Cirurgiões precisam ter cautela, 241
Surgeons must be very careful
A natureza e Deus - não os conheço, 243
Nature and God - I neither knew
A natureza - tanto cresta o arbusto, 243
Nature - sometimes sears a sapling
Cada vida converge para um centro, 245
Each life converges to some centre
Achei palavras para cada idéia, 247
I found the words to every thought
As palavras na boca dos felizes, 247
The words the happy say
Somente quem nunca vence, 249
Success is counted sweetest

Nunca sabemos se nos vamos ao sairmos, 249
We never know we go when we are going
De novo - a sua voz está à porta, 251
Again - his voice is at the door
Conheço vidas cuja ausência, 255
I know lives, I could miss
A diferença que entre o desespero, 255
The difference between despair
Há uma sutil agulha que costura, 257
To mend each tattered faith
Nem todo dia a idéia acha palavras, 257
Your thoughts don't have words every day
Ninguém fará crescer uma lembrança, 259
You cannot make remembrance grow
Na história as bruxas foram enforcadas, 259
Witchcraft was hung, in history
Tão velha como Deus - sua alma gêmea, 261
Truth - is as old as God
Melhor me dou sem despedida, 261
We'll pass without the parting
Hoje me veio à mente um pensamento, 263
A thought went up my mind today
O auto da fé e o dia do juízo, 263
Auto da fe - and judgment
De cal a visitante, 265
A visitor in marl
A "fé" é um ótimo instrumento, 265
"Faith" is a fine invention
Uma mosca zumbiu - quando eu morria, 267
I heard a fly buzz - when I died
O amanhecer traz ao desenganado, 269
The doomed - regard the sunrise
Pudesse perceber o lábio humano, 269
Could mortal lip divine
Gosto de um rosto em agonia, 271
I like a look of agony
Na primavera um quê de insensatez, 271
A little madness in the spring
Se eu puder evitar que um coração padeça, 273
If I can stop one heart from breaking
Que esses tenham morrido à nossa morte, 273
That such have died enable us
Ter o direito de morrer devia, 275
The right to perish might be thought

Para mim a inacessibilidade, 275
The overtakelessness of those
Um coração não como o meu tão triste, 277
Heart not so heavy as mine
Uma porta na rua se entreabriu, 279
A door just opened on a street
O leiloeiro da separação, 279
The auctioneer of parting
Não é obra do instante a decadência, 281
Crumbling is not an instant's act
Parte de nós se vai se algo perdemos, 281
Each that we lose takes part of us
Há uma zona onde os anos são iguais e nunca, 283
There is a zone whose even years
Nosso quinhão de vida é muito grande, 283
The life we have is very great
Receio o homem breve no discurso, 285
I fear a man of frugal speech
Choros são ninharias tão pequenas, 285
It's such a little thing to weep
Encaminhados - para o julgamento, 287
Departed - to the judgment
Quando o verão se foi era mais tarde, 287
'Twas later when the summer went
Quem morre, amor, pouco lhe basta, 289
The dying need but little, dear
Oh vida iniciada em sangue fluido, 289
Oh life, begun in fluent blood
Não era a morte, pois de pé me erguia, 291
It was not death, for I stood up
Dentre todas as almas já criadas, 293
Of all the souls that stand create
Olha atrás para o tempo com bons olhos, 293
Look back on time, with kindly eyes

O OUTRO CÉU

Aceita o risco, 297
Soul, take thy risk
Nesta vida tão curta, 297
In this short life
Não houvesse, 299
Had this one day not been
Doce como o massacre, 299
Soft as the massacre of suns

Hoje por volta, 301
Today or this noon
A distância não fica, 301
Distance - is not the realm of fox
Uma palavra morre, 303
A word is dead
Sépala pétala espinho, 303
A sepal, petal, and a thorn
Como qualquer sorriso, 305
Her smile was shaped like other smiles
Antes que ele chegue a gente vem, 307
Before he comes we weigh the time
Ver o céu de verão é poesia, 307
To see the summer sky
Para fazer um prado toma-se a abelha e um trevo, 309
To make a prairie it takes a clover and one bee
A gente perde, 309
We lose - because we win
É assim que leio uma carta, 311
The way I read a letter's - this
Definição para a beleza, 313
The definition of beauty is
Os estrangeiros, 313
These strangers, in a foreign world
Essas pequenas, 315
By chivalries as tiny
Rosa não mas me sentia, 315
No rose, yet felt myself a'bloom
Eu nunca mais, 317
All the letters I can write
Duas vezes perdi, 219
I never lost as much but twice

*Para Larissa,
minha melhor
tradução.*

PREFÁCIO

Paulo Henriques Britto

Nas últimas décadas, a poesia de Emily Dickinson tem sido cada vez mais traduzida no Brasil. Carlos Daghlian, que vem realizando um exaustivo levantamento de todas as traduções da obra de Dickinson em língua portuguesa, encontrou um único tradutor nos anos 40 — Manuel Bandeira, o pioneiro — sete nos anos 50, cinco na década de 60, onze na de 70, 22 nos 80, dezenove nos 90 e nada menos que onze apenas na primeira metade da década em que nos encontramos.[1] Trata-se de um fenômeno editorial considerável, quando se leva em conta o reduzido número de leitores de poesia no Brasil. Assim, publicar uma nova tradução de poemas dickinsonianos representa um duplo desafio: além de enfrentar as conhecidas dificuldades oferecidas pelo texto de uma autora que é um dos grandes mestres da concisão verbal, há também que levar em conta a existência de um grande número de traduções anteriores.

A presente obra, além de trazer aos leitores brasileiros uma amostra bastante representativa da poesia de Emily Dickinson, destaca-se por ser um empreendimento experimental em dois planos. Em primeiro lugar, ao dividir suas versões em três categorias — recriações, imitações, e invenções — José Lira mostra algumas das diferentes maneiras como se pode conceber a atividade de tradução poética, desde a reprodução cuidadosa dos elementos formais e semânticos de um poema num outro idioma até um trabalho de criação livre, inspirado ou sugerido por uma obra alheia. Não se trata aqui de justapor duas versões, uma tradução literal (crib, como se diz em inglês) e uma poética, e sim abordar cada poema utilizando ora uma, ora outra estratégia. Das três categorias de versões apresentadas por Lira, as duas primeiras — recriações e imitações — são ambas traduções propriamente ditas, só que com graus diversos de aderência às características do original, como o tradutor deixa claro na sua nota introdutória; já as invenções representam uma espécie de interferência na obra alheia que resulta num poema novo e não numa tradução. Assim, em cada

---

[1] Daghlian, e-mail de 22 de maio de 2006.

um dos três tipos de versão temos sempre trabalho criativo e não recuperação de um sentido literal.

Mas o trabalho de Lira é também experimentação sob um segundo ângulo: no que diz respeito à rima. Nas suas "recriações" e "imitações", as traduções propriamente ditas, ele não se limita a utilizar os dois tipos de rima mais comuns do português — a consoante e a toante. Em vez disso, lança mão de outros recursos inusitados, entre eles um efeito fônico muito pouco comum na prática dos poetas lusófonos, que ele denomina "rima abreviada". Para simplificar, podemos dizer que o efeito consiste na associação entre uma rima feminina e uma masculina em que há coincidência ou proximidade entre os sons das duas sílabas tônicas finais. Assim, logo no primeiro poema da antologia encontramos uma rima entre "atada" e "há". O recurso foi muito pouco empregado em poemas escritos originariamente em nosso idioma,[2] embora possa ser visto em algumas das soluções encontradas por Augusto de Campos nas suas traduções de Emily Dickinson.[3] Salvo engano, porém, Lira é o primeiro tradutor a se valer sistematicamente desse recurso, que me parece ter ótimo rendimento no português e fazer justiça à inventividade da rima dickinsoniana.[4] Pois foi Dickinson quem introduziu no inglês todo um repertório de formas rímicas novas, em particular a rima consonantal, que tanto se popularizou entre os poetas modernos, e que Lira também aclimata ao nosso idioma.

Assim, Alguns poemas *não é apenas mais uma antologia de poemas de Emily Dickinson. Além de nos apresentar uma boa amostra da obra dickinsoniana em excelentes versões em português — privilegiando poemas que nunca tinham sido incluídos em nenhuma antologia brasileira — o tradutor inova duplamente. E ao utilizar uma extensa gama de formas rímicas alternativas, José Lira não só atinge um nível mais elevado de fidelidade aos recursos formais de Emily Dickinson como também traz uma importante contribuição ao repertório de recursos poéticos do português. Dessas novas formas de rima poderão valer-se os que traduzem e também os que escrevem poesia em nosso idioma.*

---

[2] Lira observa que Mello Nóbrega, em *Rima e poesia* (Rio de Janeiro: Instituto Nacional do Livro, 1965, pp. 59-61) alude ao fenômeno da "hipermetria rímica" em outros idiomas, inclusive o inglês.
[3] Ver, em *O anticrítico* (São Paulo: Companhia das Letras, 1986, p. 115), as rimas "adormeci"-"disse" e "ouvido"-"aqui".
[4] Lira expõe suas inovações no campo da rima em "A invenção da rima na tradução de Emily Dickinson", *Cadernos de Tradução* (Núcleo de Tradução, UFSC) 6 (2000-2), pp. 77-103.

EMILY DICKINSON: A CRÍPTICA BELEZA

José Lira

Emily Elizabeth Dickinson (1830-1886) nasceu e morreu em Amherst, pequena cidade perto de Boston, no estado de Massachusetts, numa das regiões de raízes mais puritanas e conservadoras dos Estados Unidos, e viveu, por vontade própria, cerca de vinte e cinco anos em completa reclusão. Há quem ache que ela, solteira até a morte, devotou-se a uma secreta e rejeitada paixão, a qual teria sido a causa do auto-exílio a que se submeteu. Seu único contato fora de casa eram as cartas que trocava com um grande número de amigos e familiares, aos quais enviava vez por outra um poema de sua autoria. Muitos dos seus dados biográficos permanecem envoltos em mistério e são, ainda hoje, objetos de pesquisa e discussão. Com exceção de uma dezena de poemas publicados em vida, nenhum deles por iniciativa própria e todos de forma anônima, sua poesia só foi reunida em livro e só se tornou conhecida (e cada vez mais apreciada) depois que ela morreu.

Há toda uma mitologia em torno dessa misteriosa ermitã, que teve início quando ela ainda vivia e foi depois alimentada por uma típica indústria midiática de consumo cultural. A questão da provável (e, em certos casos, inevitável) ligação entre os fatos de sua vida e sua produção poética, sobre a qual se debruçam alguns estudiosos, é irrelevante para o(a) leitor(a) atual que não queira estender suas reflexões à área da crítica literária, da psicologia cognitiva ou dos estudos da tradução. Ao contrário do que apregoam alguns desses "mitólogos" que fizeram dela um objeto vendável, não é crucial saber quem inspirou ou que fato motivou *todos* os seus poemas. O certo é que sua linguagem poética é quase sempre ambígua e obscura, muitas vezes hermética ou truncada, com uma "gramática" própria, aberta às mais diversas interpretações. É preciso ressaltar, no entanto, que a obra de Emily Dickinson é uma colcha de retalhos, costurada com poemas de grande força lírica e versos de ocasião, resquícios de devaneios juvenis ou meros rascunhos. É de supor que, tivesse ela organizado toda a sua produção para publicação, muitos dos textos que hoje compõem seu acervo poético não teriam subsistido.

A grandeza do gênio poético de Emily Dickinson está, em larga medida, nas entrelinhas, nos subtextos e nos não-ditos de uma escrita elíptica, oblíqua, irônica, cheia de sugestões e insinuações. Tem-se a impressão de que algo sempre "está faltando" nessa escrita. A idéia de perda — perda do amor, perda da fé, perda da fama — já foi vista por alguns críticos como inerente à poética dickinsoniana. Ela é um dos aspectos, talvez o mais expressivo e recorrente, de um *missing all* (um "perder-tudo") que se poderia chamar de "biografema da estrangeirização": os seus poemas são sempre marcados por um traço biografemático (no caso, a idéia de perda) subjacente a uma escrita "estrangeirizada", na qual se manifestam as mais contraditórias vozes e personas, determinada, talvez, pelo recolhimento a que se impôs a autora e pela rejeição de seu labor poético em face das rígidas convenções da época. As "inadequações" da pontuação irregular, das rimas imperfeitas e do uso caótico das maiúsculas, apontadas por seus primeiros críticos como defeitos de estilo próprios de uma artista inábil e insegura, revelam essa "estrangeirização" de sua dicção poética.[1] Ao abordar a criação poética como um aprendiz de línguas abordaria outro sistema de escrita, a "estrangeira" Emily Dickinson criou um tipo de sinal gráfico até então inexistente em língua inglesa: a disjunção, um traço curto que alguns vêem como simples hábito de escrita e outros como sintoma de distaxia (e que em geral é confundido com o travessão). A disjunção é, na verdade, um dos principais recursos estilísticos de sua escrita: destaca uma palavra ou expressão, marca pausas de leitura ou dicção, modifica o ritmo de alguns versos, separa segmentos frasais, expressa continuidade (ou descontinuidade) de uma idéia, explica algo que veio antes ou que virá em seguida — substitui, enfim, todo um conjunto de sinais usuais de pontuação e dá a um poema de Emily Dickinson o aspecto próprio de um poema de Emily Dickinson — abstraindo-se, é claro, o fato de que mais de um quinto dos manuscritos da autora não subsistiram e que as transcrições de terceiros "regularizaram" a pontuação e outros aspectos gráficos e prosódicos de sua escrita. Para os críticos de seu tempo, era por "negligência" ou "inaptidão" que ela não seguia os aspectos formais exigíveis então na prática poética (entre os quais se incluíam a pontuação "padrão" e a "correção" gramatical). Um desses críticos, Thomas Higginson, viu graves imperfeições nos poemas que ela,

---

[1] Publiquei alguns ensaios sobre este tema em *Emily Dickinson e a poética da estrangeirização*. Recife: PPGL-UFPE, 2006.

ainda jovem, lhe submeteu, e não os achou adequados para publicação. Mas foi o mesmo Higginson quem contribuiu para a divulgação inicial desses "versos arrancados pela raiz, ainda impregnados de chuva, orvalho e terra",[2] como diz ele próprio no prefácio à primeira edição póstuma dos poemas, em 1890, esboçando uma débil justificativa: "Afinal, quando uma idéia nos arrebata o fôlego, as lições de gramática parecem impertinentes".[3]

Daí até os dias de hoje houve uma completa reavaliação da poesia de Emily Dickinson, iniciada pela "Nova Crítica" norte-americana nas primeiras décadas do século passado e consolidada após a publicação, em 1955, de seus poemas completos. Praticamente todas as correntes teóricas da crítica literária deste último século já se debruçaram sobre a obra poética dickinsoniana. Mas o fato é que cada leitura de cada poema seu, como cada recorte de sua obra, revela novas nuanças, resultando difícil, inviável até, enquadrar os seus textos numa ou noutra temática mais específica. É temerário (se não desnecessário) afirmar *exatamente* de que falam muitos dos seus poemas. A morte é, sem dúvida, um dos motivos centrais de sua poesia, e para muitos é a força dominante, mas está quase sempre inter-relacionada com outros temas: a fé e a dor, por exemplo, ou a vida e a natureza, como se pode ver em vários poemas desta coletânea. A temática amorosa convencional está também explícita em algumas produções ao gosto ultra-romântico, por conta dos aspectos peculiares à fixação de sua obra.

Uma das grandes contribuições para a reavaliação estética dessa obra foi a atuação da crítica feminista, que encontrou nela um campo aberto às mais ousadas explorações. Infelizmente, há muitos arrivistas na área da crítica literária, e o feminismo não escapou de suas manipulações. Emily Dickinson viveu numa época em que a atividade literária passou por uma radical transformação nos Estados Unidos: de exercício intelectual submisso aos valores estéticos e culturais europeus, com autores de limitada expressão, o romantismo norte-americano transformou-se em prática voltada para a busca de uma identidade nacional e revelou, na segunda metade do século XIX, grandes e inimitáveis autores — ensaístas, ficcionistas e poetas que fundaram uma das mais vibrantes e originais literaturas dos tempos atuais.

---

[2] Higginson, T. W. (ed.). *Collected poems of Emily Dickinson*. Nova York: Gramercy Books, 1982 (com as três primeiras edições de 436 poemas de Emily Dickinson, de 1890, 1891 e 1896). No original: "Poetry torn up by the roots, with rain and dew and earth still clinging to them" (p. XXI).
[3] Idem, ibid.: "After all, when a thought takes one's breath away, a lesson in grammar seems an impertinence".

Ela própria, no entanto, não participou desse renascimento literário de seu país. Não deu seu nome a nenhum texto em vida e não freqüentou os círculos literários dentro ou fora da provinciana cidade de Amherst. É de estranhar, assim, que certa ala da crítica feminista, interessada no resgate e canonização de algumas "poetisas de salão", tenha incluído Emily Dickinson numa falaciosa "escola de poesia sentimental feminina", movimento supostamente organizado no seio da literatura norte-americana de então. Emily Dickinson é "elevada" à condição de paradigma dessa corrente literária — de cuja existência nem ela havia cogitado nem ninguém tivera a mínima idéia até o súbito "achado" desse restrito grupo de críticos-arqueólogos – com o intuito de valorizar a poesia *kitsch* até então desprezada (com sobejas razões) pela história da literatura. Tão "estrangeira" e singular é a obra dickinsoniana em relação a tudo que se fez em seu tempo, que não há como identificá-la com as perfunctórias "poesias de amor" de suas pálidas contemporâneas. Mesmo nos mais singelos poemas de ocasião que acompanhavam flores e cartas, é possível captar a genialidade poética de Emily Dickinson, consubstanciada na ironia e ambigüidade que dão a cada uma de suas palavras uma inexcedível riqueza de nuanças e possibilidades interpretativas. Ainda bem que a crítica literária continua viva e atuante, e a cada dia aparecem novos estudos e ensaios que abordam questões mais sérias e pertinentes sobre o legado poético de Emily Dickinson.

Em contraste com sua considerável fortuna crítica, é muito pobre a iconografia de Emily Dickinson: dela só existe uma única fotografia, feita aos dezessete anos, num recatado vestido preto. A foto não condiz com sua figura mítica: sabe-se que a cor branca foi a única que vestiu nos últimos anos de vida. Esse hábito, aliado ao fato de que sempre trazia um buquê de flores à mão, contribuiu para as especulações em torno da razão ou das razões de sua reclusão. A frustração amorosa teria sido a causa mais provável do auto-exílio, na opinião de alguns biógrafos, mas sua irmã mais nova garantia que a solidão era uma simples opção que aos poucos se firmou na vida da poeta, em função das tarefas de casa e das conveniências de seu próprio temperamento.[4] Sabe-se, no entanto, que ela sofria de nefrite crônica, doença que a levou à morte, sendo aceitável que, por causa de

---

[4] "A way of life gradually induced by domestic cares and the needs of her own temperament" (apud Sewall, Richard B. *The life of Emily Dickinson*. Cambridge, EUA: Harvard University Press, 1974, p. 448).

seus incômodos sintomas, ela não saísse de casa e evitasse contatos com as pessoas que não lhe fossem mais chegadas. Mas há quem renegue esse tipo de explicação tão prosaica e anti-romântica para a vida reclusa da poeta, por não condizer com o estereótipo aceito por suas legiões de fãs em todo o mundo, os quais cultuam a mística imagem (não propriamente a poesia) da *Belle of Amherst*.

No caso de uma mulher que nunca viajou, que não recebia e não visitava ninguém nem teve outra ocupação que não as obrigações domésticas, "fazer poesias" que nem sequer se publicavam não bastaria para criar (e manter) um mito: era preciso algo mais trágico e mais romântico. A tragédia que mais justificou a aparição dessa estrela foi o amor que ela teria dedicado a três ou quatro homens, sem falar numa especial afeição à sua cunhada e vizinha Susan Gilbert, a quem endereçou o maior número de cartas e poemas. Até hoje não se sabe o real significado das três longas *Master Letters* — misteriosas cartas de amor sem destinatário certo cujos rascunhos foram encontrados entre os papéis de Emily Dickinson. Afirmam uns que elas seriam apenas um exercício ficcional, enquanto outros apontam, de acordo com as suas próprias convicções, Samuel Bowles, Otis Lord e Charles Wadsworth (todos casados e amigos da família da poeta) — e até a própria Susan Gilbert — como prováveis destinatários. A aura de romantismo ficou por conta do vestido branco, símbolo da profissão de fé que ela teria feito ao "desposar a solidão" em sua alcova inacessível. Tão imprescindível era esse símbolo para a sagração e veneração do Mito que a foto original de Emily Dickinson foi substituída, já no início do século XX, por uma contrafação, divulgada e reproduzida mundo afora, na qual a poeta usa um vestido branco complementado por uma alva e alta gola que lhe envolve o pescoço (onde antes havia uma gargantilha de cor escura). Porém mais branca, clara e lúcida era (é) a voz poética de Emily Dickinson, que, "Immured the whole of Life / Within a magic Prison" (Trancada a Vida inteira / Em mágica Prisão), construiu uma obra imorredoura com a força do talento e da imaginação. Não é preciso idolatrar (nem tampouco falsear) a sua vida para amar sua poesia. Basta entregar-se de corpo e alma à críptica beleza de seus versos.

* * *

Evitando aventurar-me em discussões teóricas, faço em seguida alguns breves comentários sobre a árdua tarefa que me foi a tradução destes poemas. Digo de início que me propus obter, dentro do possível, uma identificação de sentidos entre os textos originais e as traduções, sem perder de vista a preservação do efeito poético como um todo. Ou seja, ocupei-me não apenas em *traduzir* poesia, mas em *fazer* poesia, e por esta razão me dei a certas experiências que chamei de "recriações", "imitações" e "invenções". Essas denominações não refletem nenhum tipo de técnica ou *modus operandi* mas definem certas inflexões que resultam, cada qual a seu modo e a partir de diferentes pontos de vista, na manutenção de alguns critérios básicos de semelhança com a dicção peculiar da autora.

Nas recriações, as traduções são contidas e concisas, mais concentradas nos sons e nos signos da linguagem poética, quase sempre mais próximas da forma poemática e, tanto quanto possível, da sintaxe e da prosódia originais. Com base nesse enfoque é que cheguei à sistemática exploração de um tipo de rima, à qual chamei de "abreviada", identificável já nos primeiros poemas desta coleção.[5] (Tão grande foi, aliás, a contribuição de Emily Dickinson para a renovação da rima na língua inglesa, que nenhum tradutor pode ficar alheio a essa que é, sob todos os aspectos, uma das características mais marcantes de sua poesia.) As imitações (que também se valem da rima abreviada e de outros recursos próprios das recriações) não se tratam de mero "refazimento" textual, e sim de um versejar menos comprometido com a textura frasal do texto-fonte (mas não alheio a ela). Chega-se, nesse caso, a alguns resultados que, numa escala de "desfidelização" em relação ao texto original, mais se diriam versões beletrísticas do que propriamente traduções poéticas. Já as invenções atingem graduações bem mais extremas nessa escala. Menos representativas em termos de quantidade, as invenções (cuja incepção se deu há bem pouco tempo em minha prática tradutória) tendem a produzir textos vinculados a uma visão menos estrita, embora funcional, da escrita dickinsoniana, e mais aberta a intertextualizações, interferências e interpretações subjetivísticas. O ponto de partida para a definição de seu aspecto formal foi a constatação de que não há um arranjo linear nem uma grafia ou sequer uma pontuação sistemática nos manuscritos de Emily Dickinson.

---

[5] Esse tipo de rima é abordado em ensaio de minha autoria ("A invenção da rima na tradução de Emily Dickinson", in *Cadernos de Tradução* 6, UFSC, 2000/2, pp. 77-103).

Excetuados eventuais recursos a certos procedimentos técnicos comuns na teoria e prática da tradução literária (transposições, modulações, inversões, omissões, adaptações, etc., os quais não me cabe discutir aqui), e tendo sempre em consideração que não me ative especificamente a nenhum dos modelos teóricos definidos pelos estudos da tradução, estas seriam, em resumo, as principais características dessas concepções "pessoais" de tradução poética:

RECRIAÇÕES: (a) Máxima identidade possível com a forma poemática original: em geral estrofes de 8-6-8-6 sílabas (*common meter*) ou 6-6-6-6 sílabas (*short meter*) e variações, como 6-6-8-6, que são os versos normalmente usados por Emily Dickinson; (b) Mais atenção aos aspectos fônicos do original, como as rimas, aliterações, assonâncias, repetições e outras qualidades sonoras; (c) Maior aproximação sintática: manutenção das "estranhezas" do original, às vezes com ligeiras "inadequações" gramaticais. As recriações são mais "literais" e mais próximas da prosódia dickinsoniana e valorizam as denotações e conotações múltiplas do signo poético.

IMITAÇÕES: (a) "Ampliação" textual, com a utilização habitual do verso decassílabo (que Emily Dickinson praticamente não usava). Mesmo quando a forma original é obedecida, a tradução apresenta uma ou outra das demais características citadas a seguir, que são em geral "antidickinsonianas"; (b) Despreocupação quanto à recuperação dos aspectos sonoros do original, exceto quanto às rimas dos versos pares; (c) "Normalização" da linguagem fragmentária e das típicas *collocations* de Emily Dickinson e "explicação" ou "desambigüização" de termos e expressões mais obscuras, resultando em textos tanto menos fiéis quanto mais "fluidos".

INVENÇÕES: (a) "Modernização" da forma poemática, sem preocupação com métrica, rima, ritmo e outros elementos poéticos da versificação tradicional de que Emily Dickinson se serve. A tradução é mais o resultado de uma "impressão de leitura", sem no entanto deixar de lado o *tom* e a *atmosfera poética* do poema traduzido; (b) Nas invenções ocorre com freqüência a "intromissão" de ecos de outros textos que, de certa forma, ajudam a compor o texto traduzido. Esse recurso não torna a tradução necessariamente "infiel", mas é parte de um jogo de avanços e recuos que gira sempre em torno da preservação do *sentido* original.

Apesar dessa caracterização aparentemente fechada, são tênues, às vezes, quando vistos na prática, os limites entre essas noções, principalmente no caso das recriações e imitações (basta ver alguns poemas como "A shade upon the mind there passes" e "I had a jewel in my fingers", dentre vários outros), mas também, ocasionalmente, entre ambas e as invenções, como se dá, por exemplo, na tradução de "By chivalries as tiny", a qual, se formatada como um quarteto, poderia ser incluída em qualquer outra categoria. Da mesma forma, poder-se-ia "quebrar" os versos de um dado poema, recriação ou imitação, e fazer dele uma invenção. Em certo sentido (ou em todos os sentidos) esses três tipos de escrita poético-tradutória se inter-relacionam. Todas as traduções (não só as minhas) são, no fundo, recriações ou imitações ou invenções. Esses termos (e variações) já foram usados, inúmeras vezes, por muitos autores, com diferentes acepções e resultados diversos: não reivindico aqui nada de novo.

Enfim: recriações, imitações e invenções são apenas três dentre os "meus" (isto é, dos meus eus e dos meus outros) modos de ver / interpretar / traduzir um texto literário. Não procurei compor ou demonstrar com eles uma "nova" teoria de tradução poética, até porque, para mim, a tradução de poesia é feita mais de desígnios que de intenções. O ato de traduzir poesia não implica, em princípio, a prevalência de nenhum processo consciente de "desconstrução" textual ou "intervenção" co-autoral. O que prevalece na escrita poética traduzida, a meu ver, é a "angústia da autoria", quando o autor-poeta-tradutor, ao mesmo tempo em que anseia por tornar "seu" um texto alheio, não se reconhece nesse texto. Minhas reflexões sobre a questão da fragmentação identitária do tradutor levam-me a crer na possibilidade de uma tradução "múltipla" ou "heteronímica", contrária à noção de que o texto, original ou tradução, é em sua essência uno e indivisível. Todo texto é composto de "estados" momentâneos de leitura, instáveis por natureza. Cada tradução toma como ponto de partida várias instâncias interpretativas, cada uma delas oriunda de um dado "momento textual": o texto *em suas múltiplas partes* e não o texto *como um todo não-repartível*. Esta visão "pessoal" do processo tradutório considera o texto original, o tradutor e sua tradução como entes inconclusos e essencialmente mutáveis. Ou seja: sempre que um texto é abordado por alguém, é um novo alguém que aborda heraclitianamente um novo texto, faz-se uma nova leitura, tem-se uma nova visão / interpretação / tradução desse mesmo texto, são captados novos aspectos intra / extra / co / con / textuais. O texto, como o ser humano, é água e não pedra. O poema é que é, o texto não (nem o tradutor): estes foram, estão sendo, poderão vir a ser.

Algumas das traduções incluídas neste livro já foram publicadas, na íntegra ou em diferentes versões, em jornais e periódicos e no *blog* "Emiliana", que mantive até pouco tempo, com breves reflexões sobre a tradução de poemas de Emily Dickinson. As críticas e sugestões recebidas de diversas regiões do país por usuários dessa página internética me foram da maior serventia para avaliar a recepção do meu trabalho. Houve inclusive algumas instigantes discussões, tanto sobre a tradução poética em geral como sobre uma ou outra palavra ou expressão cuja estranheza despertava atenção. O uso de itens lexicais "inexistentes" (isto é, não-dicionarizados) — como o verbo "extrincar", por exemplo, na tradução de "Of the heart that goes in and closes the door" — e de expressões desautorizadas pela norma padrão da língua urbana culta provoca tanto interesse entre os leitores e críticos da tradução poética quanto os termos de "cor local", ou seja, certas palavras de conotação cultural que evocam seres e coisas alheias ao universo imaginário de um texto qualquer. Não citaria entre esses termos os nomes de aves (como "triste-pia", que traduz *bobolink* com adequação, apesar de se tratar de um pássaro desconhecido em muitas regiões de nosso país), mas há outros tipos de regionalismos que me dispus a usar, não para explicar mas, bem ou mal, para atualizar uma ou outra referência. Dentre as opções que fiz nessa área (Emily Dickinson que me perdoe), como "saudade", "andor", "balangandãs" e "mangangás", além de outras, nenhuma causou tantas reações contraditórias como "arrocho" (no sentido informal que tem o verbo "arrochar" de "tomar entre os braços" e "abraçar com força"), que usei em "Beauty crowds me till I die". As opiniões oscilaram em extremos de total repulsa ("Esta única palavra destrói o tom sério e elevado do poema") e entusiástica aprovação ("Diferente, criativa e — por que não? — poética neste contexto"). O poema traduzido, afinal, é como um móbile, algo frágil e instável, girando ao sabor dos ventos das opiniões que sopram de todos os lados. Por conta da interação que mantive com pessoas de todos os gostos e tendências em matéria de poesia e tradução, o *blog* "Emiliana" foi uma das mais gratas experiências por que passei. Aproveito esta ocasião para agradecer as lúcidas observações de Genilda Azerêdo, Fátima Barros, Vitória Lima,

Nadilza Moreira e Sidney Pratt, entre outros, que me levaram a rever a minha própria leitura de alguns dos poemas. Mas o fato é que, na maioria das vezes, prevaleceu a minha obtusa visão, e é por isso que em casos como este:

> Parting is all we know of Heaven
> And all we need of Hell.

que traduzi assim:

> Partir é tudo que do Céu conheço
> E do Inferno preciso.

resolvi não alterar o texto, mesmo sabendo que "Partir", apesar de aceitável por sua correspondência eufônica e funcional, não é uma boa tradução para "Parting".

Receio, aliás, que esse tipo de imprecisão não esteja ausente de alguns poemas desta coleção. Quando não devida às minhas próprias limitações ou a eventuais descuidos (que espero não sejam tantos), ela é explicável pelas injunções da métrica e da rima ou por opções lexicais ou sintáticas imprescindíveis para a manutenção do ritmo e do tom do poema. Nesse jogo de perdas e ganhos, a tradução nunca está pronta para a festa: há quase sempre uma meia desfiada ou um botão frouxo, quando não um remendo à mostra. Nos versos 1 e 5 do poema "We learn in the retreating", por exemplo, há uma inversão na tradução dos termos "retreating" e "departure", apesar de que ambas as palavras estão, em ambas as línguas, dentro do mesmo campo semântico. Nesse poema, "Quem entre nós há pouco estava" e "De todo o mais a Áurea Presença" seriam talvez opções melhores (ou mais completas) para os versos 3 e 7, mesmo que com a perda de identidade formal entre o original e a tradução. Nessa linha de idéias, a melhor tradução (ou recriação) para os versos

> On my volcano grows the Grass
> A meditative spot -

não seria, talvez, a que escolhi:

> No meu vulcão reserva a Relva
> Um tranqüilo rincão -

mas provavelmente esta outra:

> No meu vulcão a Grama grassa
> Um tranqüilo rincão -

que transpõe de modo mais aproximado a aliteração original, mesmo que à custa de uma significativa transgressão sintática (com a transformação do verbo "grassar" em transitivo direto) ou semântica (com a recuperação de uma disjunção elíptica no final do primeiro verso).

Eu poderia prosseguir *ad nauseam* com este tipo de comentários, mas receio cair em digressões infrutíferas. Poderia justificar as minhas falhas mais evidentes (não há de faltar quem as aponte) ou destacar as soluções mais felizes, dentre as quais estaria talvez a recuperação, nas recriações, dos aspectos sonoros do poema original. Por exemplo: na maioria das vezes, as rimas e quase-rimas consonantais do inglês, externas ou internas, são substituídas, quando possível, por assonâncias com a presença de vogais, como no poema "A charm invests a face":

> But peers beyond her mesh -
> And wishes - and denies -

> Mas espia entre as rendas -
> E pretende - e disfarça -

Isto se dá pelo contraste entre as duas línguas: no português a vocalização é a regra, enquanto que em inglês há uma presença mais marcante das consoantes nas unidades silábicas. O contrário ocorre muito raramente e é de mais difícil percepção, como em "It might be lonelier":

> Its sweet parade - blaspheme the place -
> Ordained to Suffering -

> Se ela vier - blasfema esse lugar -
> Que para a Dor se fez -

Esse esforço de emulação das "proezas sonoras" do original ocorre, como já foi dito, nas recriações, mas há também alguns exemplos nas imitações, apesar de que aqui é bem menor o cuidado com esse tipo de recurso. Cito o poema "My life had stood a loaded gun", no qual a palavra "Edredons" substitui "Eider-Duck's", como forma de compensar o *afastamento* semântico com uma *aproximação* de ordem fonética:

> 'Tis better than the Eider-Duck's
> Deep Pillow - to have shared -

> É bem melhor que os Edredons e as Plumas
> Repartir no Colchão -

As imitações são traduções que se diriam mais "desenvoltas". Podem induzir à conclusão de que acumulam mais perdas do que ganhos quando analisadas em confronto com as recriações. Podem dar a impressão de que "têm palavras demais" em relação ao texto em inglês — e às vezes têm, como fica claro no exemplo acima, no qual está bem à mostra essa característica das traduções mais livres, já próximas das paráfrases, que é um certo à-vontade na substituição e acréscimo de referentes. "Travesseiro" e não "Colchão", no caso, seria a tradução para "Pillow". "Plumas", ausente no original, apenas reforça a idéia de maciez já contida em "Edredons".

Acréscimos e substituições são uma constante nas invenções, que se propõem, como se viu, ser mais uma "atualização" que propriamente uma transposição textual. É de ver, por exemplo, que a tradução de "A word is dead" vale-se da inclusão de um verso de Cecília Meireles, poeta-irmã das coisas fugidias de que o texto se compõe.

Dispus-me inicialmente a comentar, como vinha fazendo em meu *blog*, todas as traduções que compõem este livro. Envolvido, no entanto, por outras preocupações e outros projetos, fui deixando para depois essa tarefa, que afinal não se concretizou. O fato é que há poemas de Emily Dickinson que *precisam* de comentários, nem que seja para esclarecer dúvidas pontuais sobre as escolhas lexicais e outros recursos adotados na tradução e para dar uma orientação inicial às pessoas menos familiarizadas com a poética dickinsoniana. Como já frisei linhas atrás, é difícil saber exatamente de que fala um poema de Emily Dickinson. Falta espaço, infelizmente, numa introdução como esta, para abordar todos os aspectos e apresentar exemplos suficientes para a devida compreensão dessa rica poesia, como também para a explicação de certas passagens das traduções. Cabe-me, pois, pedir um crédito de confiança a quem lê Emily Dickinson e, através dela, me lê, no sentido de que não nos leiam à procura de senões e descuidos, mas tendo em mente o prazer do texto e não a afobação da crítica, *the magical sense* e não *the best meaning* da poesia (original e traduzida). É preciso ter em conta que a escrita de Emily Dickinson é uma teia de recorrências intertextuais, explícitas ou não, fortemente bafejadas pela Bíblia e por diversas outras fontes. Shakespeare está presente em muitos versos seus, assim como uma longa lista de autores clássicos e românticos de língua inglesa, uns grandes como Keats, que lhe rendeu alusões ocasionais, outros menores como o pastor e pregador inglês Isaac Watts (1674-1748), em cujo hinário composto nas métricas tradicionais da balada popular e das poesias infantis ela alicerçou toda a estrutura formal de sua obra. Custa crer, aliás, que uma obra tão original e multifacetada esteja contida em formas tão desprovidas de qualquer sofisticação e inventividade.

Para dar uma idéia das questões que a complexidade de alguns textos de Emily Dickinson pode suscitar (e das dificuldades que enfrenta quem se dispõe a traduzi-la), valho-me deste poema aparentemente simples, dentre tantos poemas "simples" inseridos nesta seleção:

> "Mama" never forgets her birds
> Though in another tree -
> She looks down just as often
> And just as tenderly
> As when her little mortal nest
> With cunning care she wove -
> If either of her "sparrows fall"
> She "notices" above.

Esses são versos de ocasião (enviados em carta a uma prima após a morte de sua mãe, tia de Emily Dickinson). O manuscrito não mais existe, daí ser impossível determinar a exata grafia e a pontuação original (coisa, aliás, quase impossível até mesmo em versos manuscritos, dada a polimorfia da escrita dickinsoniana). Não se sabe se as aspas são da própria poeta ou se foram introduzidas por terceiros na transcrição. Ela tanto usou como deixou de usar esse recurso nas citações intertextuais diretas ou indiretas da Bíblia e de outros autores. A alusão aos "sparrows" (pardais) está em Matthew 10:29 ("Are not two sparrows sold for a penny? Yet not one of them will fall to the ground apart from the will of your Father"). A palavra "Mama", apropriadamente entre aspas, apesar de não fazer parte da citação bíblica, está presente, através da anaforização, em todo o poema. É não só uma referência à mãe que se desdobra em cuidados com os filhos mas principalmente uma feminização, atitude agressiva e inaceitável na época, da imagem tradicional de um Deus-Pai onipresente. E por aí já se vê que há, nesses singelos versos, muito mais do que se poderia supor numa leitura superficial. Há uma atrevida crítica (in)direta a um dos mais firmes e mais bem guardados valores do sistema patriarcal: a convicção de que o poder dos homens emanava do poder de um Deus-Homem.

Além dessa contestação do fundamentalismo religioso de sua época, sobejam exemplos da abordagem de outros temas "delicados", difíceis de serem tratados num texto poético (e muito menos por uma mulher), como o aborto ("How many flowers fail in wood") e a eutanásia ("The right to perish might be thought"), aos quais Emily Dickinson não fugiu.

Vejamos agora a tradução do poema:

> "Mamãe" não larga os passarinhos
> Que noutra árvore deixa -
> Ela os observa com o cuidado
> Que já teve ao tecer
> O seu pequeno e frágil ninho
> Experiente e meiga -
> Mesmo que caia um dos "filhotes"
> Lá de cima ela "vê".

As versões em nossa língua do texto bíblico citado há pouco em inglês, de modo geral, falam em "passarinhos", daí por que achei melhor não traduzir "sparrows" ("pardais"): "Não se vendem dois passarinhos por uma moeda de cobre? E no entanto nenhum deles cai por terra sem a vontade do Pai" (Mateus 10:29). "Mortal" como adjetivo é, no contexto original, "humano" ou "terreno", conotações que, neste caso, não me pareceriam perceptíveis em português. Optei por "frágil" para fugir de uma tradução "automatizada", não para normalizar a dicção da autora. Além disso, eu poderia poundianamente dizer que "mortal ninho" arruína a fluidez do verso. A sintaxe e a ordem das palavras, do verso 3 até o 6, diferem do original, mas creio que dão conta do sentido como um todo. Uma coisa que não me deixou satisfeito foi a repetição das rimas ("deixa" / "tecer", "meiga" / "vê", ausentes no original e além do mais enfatizadas internamente na tradução ("teve", "mesmo"). Experimentei mudar os versos 2 e 4 para "Que noutra árvore ficam" e "Que já teve ao cerzir", mas aí é pior: as assonâncias com "passarinhos" e "ninho" fazem surgir as ainda mais indesejáveis rimas soltas em finais de versos. Ninguém é perfeito, e um tradutor muito menos. *We lose because we win* — ou será o contrário? Há outras traduções que, como esta, têm defeitos insanáveis, mas das quais, por insondáveis razões, eu gosto tanto que não pude deixar de incluí-las aqui.

Abstraída a divisão geral em três partes para acomodar em separado as recriações, imitações e invenções, não me preocupei em dar uma seqüência cronológica ou um arranjo temático aos poemas desta coletânea. Como Emily Dickinson não dava títulos ao que escrevia, os poemas são identificados no índice pela reprodução, no todo ou em parte, em letras miúdas e sem pontuação, dos seus primeiros versos. Dois de seus editores lhes atribuíram numerações seqüenciais distintas: Johnson, que coletou 1.775 poemas[6] (os quais, em cotejo com outras versões, me serviram de base para as traduções), e Franklin, que (excluindo alguns e acrescentando ou desdobrando outros), aumentou esse número para 1.789.[7] Alguns poemas foram desprezados por Johnson e Franklin, na maioria pequenos textos inseridos em cartas. Fazem parte

---
[6] Johnson, Thomas H. *The complete poems of Emily Dickinson*. Cambridge, EUA: Harvard University Press, 1955.
[7] Franklin, R. W. *The poems of Emily Dickinson*. Cambridge, EUA: Harvard University Press, 1998.

desta coletânea "Memory is a strange bell"[8] e "We read in a tremendous book". Este último, dado como texto em prosa, assim está escrito no final de uma carta sua a dois sobrinhos:

> We read in a tremendous Book about "an enemy," and armed a confidential fort to scatter him away. The time has passed, and years have come, and yet not any "Satan." I think he must be making war upon some other nation.[9]

Com uma fácil escansão em versos iâmbicos de métrica perfeita de 4-3-4-3 pés (ou 8-6-8-6 sílabas), o texto tem *slant rhymes* bem caracterizadas e — o que é mais importante — um real sabor de poema dickinsoniano. Foi rejeitado como poesia apenas pela falta de linearização, coisa inexplicável quando se sabe que há outros textos escritos "em prosa" pela autora, além de alguns dísticos não-rimados, aos quais se deu o *status* de poemas. São inúmeros, aliás, esses problemas de editoração dos textos de Emily Dickinson, desde Higginson, em 1890, que costumava "melhorar" as suas rimas imperfeitas com a substituição de palavras, além de dar títulos pomposos aos poemas, até Franklin, mais de cem anos depois, que em última análise repetiu, com alterações e correções pontuais, o trabalho de Johnson, seu antecessor e primeiro editor da obra completa da autora. Essa questão, na verdade, daria mais de uma tese na área da crítica genética e textual, mas não é este o lugar apropriado para sua discussão. Vejamos apenas um exemplo de um dos problemas mais comuns na linearização dos versos. O poema "As from the earth the light balloon" foi rascunhado assim, a lápis, num fragmento de papel de carta:

> As from the
> Earth the light
> Balloon

---

[8] Shurr, William H. *New poems of Emily Dickinson*. Chapel Hill, EUA: The University of North Carolina Press, 1993, p. 32. O trabalho de Shurr foi execrado pela crítica feminista, entre outras coisas, pela descontextualização dos poemas e pelo objetivo "oportunístico" de sua edição.

[9] Johnson, Thomas H. (ed.). *The letters of Emily Dickinson*. Vol. III. Cambridge, EUA: Harvard University Press, 1965, p. 694. Na editoração de Schurr (Op. cit., pp. 56-57) foi feita a linearização mas não a maiusculização das letras iniciais dos versos.

>   Asks nothing
>   but release -
>   Ascension that
>   for which it was,
>   Its soaring
>   Residence.
>   The spirit looks
>   upon the Dust
>   That fastened
>   it so long
>   With indignation,
>   As a Bird
>   Defrauded of
>   its Song.[10]

A "regularização" do texto feita por Johnson e Franklin resultou num poema de nove versos, com a seguinte acomodação para as quatro linhas finais do manuscrito:

>   With indignation,
>   As a Bird
>   Defrauded of its Song.

A dúvida aqui é a seguinte: por que tanto Johnson como Franklin consideraram a expressão "As a Bird" como um verso isolado? Se unida essa expressão à linha anterior ("With indignation, As a Bird"), como já havia sido feito numa outra edição,[11] o poema estaria perfeitamente dentro de uma das formas poemáticas mais usadas por Emily Dickinson. Em muitos de seus manuscritos, Emily Dickinson grafa a letra *a* maiúscula assim mesmo, *a* (e não *A*), só que num tamanho ligeiramente maior que o *a* minúsculo. Além disso, em outra ocasião ela escreveu "And though the Woe you have Today / Be larger - As the Sea" e isso não pareceu estranho a nenhum de seus mais

---

[10] Franklin (Op. cit., p. 1448).
[11] Todd, Mabel Loomis et al. (ed.) *Bolts of melody: new poems of Emily Dickinson*. New York: Dover, 1969, p. 293.

zelosos editores. Por que então "As a Bird" teria de ser um pedaço de verso quebrado? Se os outros versos do manuscrito foram johnsoniana e franklinianamente "normalizados" com base no tradicional *common meter*, por que não o poema todo? É por causa de detalhes assim que alguns críticos hoje em dia defendem a reprodução dos poemas (pelo menos os quatro quintos cujos originais não se perderam) na forma fragmentária em que foram deixados pela autora. (Vale notar, a propósito, que esse poema é um dos modelos adotados — pelo menos em termos de visualização — nas invenções.)

Para complicar ainda mais a fixação dos textos de Emily Dickinson, muitos dos seus poemas têm variantes cogitadas pela autora e rabiscadas ao pé da página ou em entrelinhas, as quais são adotadas ou não por seus editores, com base apenas em critérios pessoais, nem sempre bem explicados. Há casos de poemas cujas variantes mudam radicalmente o aspecto do discurso, obrigando o editor (e, é claro, o tradutor) a optar por uma das versões, como o fizeram Johnson e Franklin, respectivamente, no(s) poema(s) que começa(m):

> I showed her Hights she never saw -
> "Would'st Climb," I said?
> (J)

> He showed me Hights I never saw -
> "Would'st Climb" - He said?
> (F)[12]

Para encerrar esta já longa introdução, devo dizer que adotei um só critério na escolha dos poemas: meu gosto pessoal, tanto em relação aos textos originais quanto às minhas traduções. Esta é a explicação para a ausência de alguns dos poemas mais antologizados e apreciados de Emily Dickinson, muitos dos quais, por sinal, já têm várias versões entre nós: reuni aqui, entre os meus trabalhos mais ou menos "prontos" (levando-se em conta que a tradução, mais do que uma obra aberta, é sempre uma obra

---

[12] Mostrei-lhe Alturas que ela nunca vira - / "Quer subir?" perguntei (J). Ele mostrou-me Alturas nunca vistas - / "Quer subir?" perguntou (F). Não consta deste livro a tradução desse(s) poema(s).

inacabada), aqueles que mais me agradam, com a exclusão de certos textos considerados "canônicos" aos quais não consegui dar uma forma satisfatória e que já têm tradução em nossa língua. Para guardar certa proporção com o *corpus* original, dei preferência aos poemas mais curtos, os quais compõem a maior parte, quatro quintos ou mais, da obra da autora, e lhe conferem o seu sabor peculiar. Os textos mais longos são em geral narrativos e não se comparam às magistrais peças mínimas nas quais Emily Dickinson expressou mais à vontade a sua notável força intelectual.

Por outro lado, constam aqui todos os quatro poemas nos quais ela faz referência ao Brasil, um dos quais é mais longo e não havia sido traduzido até agora: "A moth the hue of this", "I asked no other thing", "My first well day since many ill" e "Some such butterfly be seen". Constam também aqui, por opção minha, alguns fragmentos: "Auto da fe and judgement", "Nature is what we know", "Oh life begun in fluent blood" e "The vision pondered long", que são os últimos quartetos de quatro poemas maiores. Era costume de Emily Dickinson juntar trechos de poemas às suas cartas, alterando às vezes um ou mais versos, daí que me senti à vontade para usar essa "licença tradutória". Um exemplo entre muitos dessa espécie de "haicaização" é "The pedigree of honey", cuja versão menor, mais bem resolvida, é a única que figura nas antologias. Na realidade, só os dois primeiros versos são iguais entre ambas as versões, fazendo delas dois textos distintos. Por último, os dois versos brancos de "No rose yet felt myself a'bloom" encerram uma das *Master Letters*. Como a carta não passa de um rascunho inconcluso, são talvez eles próprios um fragmento inacabado. Mas até mesmo essas peças menores, esses borrões quase ilegíveis têm algo a revelar numa leitura mais atenta. Essa é a marca inconfundível da verdadeira poesia: dizer mais do que diz sem dizer mais do que está dito.

Resta observar que todos os poemas de Emily Dickinson estão disponíveis em endereços virtuais, juntamente com uma incalculável profusão de textos críticos e biográficos sobre esta que é tida hoje em dia por uma das maiores expressões poéticas de língua inglesa em todos os tempos. Há também diversas páginas e portais (*sites*) e grupos de discussão dedicados à poeta de Amherst, atestando o interesse que a sua poesia, original ou traduzida, desperta no mundo inteiro.

Para finalizar, quero expressar meu preito de gratidão a todas as pessoas que me apoiaram e me ajudaram, em especial a Paulo Henriques Britto, que na hora exata me deu sua atenção, a Walter Carlos Costa, meu *miglior critico*, a Carlos Daghlian, meu mestre e amigo de todas as horas, e a Esman Dias, que me apontou muitos caminhos. A esses eu devo muito do que sou como tradutor e como ser humano.

A ÁUREA PRESENÇA
(RECRIAÇÕES)

O tradutor de poesia é um poeta com mais acepções que percepções.
Pedro Maynard

I sing to use the Waiting,
My Bonnet but to tie
And shut the Door unto my House
No more to do have I

Till His best step approaching
We journey to the Day
And tell each other how We sung
To keep the Dark away.

We learn in the Retreating
How vast an one
Was recently among us -
A Perished Sun

Endear in the departure
How doubly more
Than all the Golden presence
It was - before -

Eu canto para usar a Espera -
À Touca a fita atada
E posta a tranca em minha Porta
Mais a fazer não há

Até que ao soarem os Seus Passos
Seguimos para o Dia
A nos dizer como cantamos
Para o Escuro iludir.

Na Partida aprendemos
Como era enorme
Quem entre nós estava -
Um Extinto Sol

Realça ao retirar-se
Como se em dobro
De todo a Áurea Presença
Que hoje - se foi -

*The sweetest Heresy received
That Man and Woman know -
Each Other's Convert - though the Faith
Accommodate but Two -*

*The Churches are so frequent -
The Ritual - so small -
The Grace so unavoidable -
To fail - is Infidel -*

*Back from the cordial Grave I drag thee
He shall not take thy Hand
Nor put his spacious arm around thee
That none can understand*

A mais doce Heresia dada
Ao Homem e à Mulher -
A Mútua Conversão - embora
Só Dois para uma Fé -

Tão ocupados são os Templos -
Tão breve - o Ritual -
A Graça tão inevitável -
Infiel - é faltar -

Da acolhedora Cova eu ergo-te
A tua Mão Ela não prende
Nem o seu longo Braço envolve-te
O qual ninguém entende

On my volcano grows the Grass
A meditative spot -
An acre for a Bird to choose
Would be the General thought -

How red the Fire rocks below
How insecure the sod
Did I disclose would populate
With awe my solitude.

The grave my little cottage is,
Where "Keeping house" for thee
I make my parlor orderly
And lay the marble tea.

For two divided, briefly,
A cycle, it may be,
Till everlasting life unite
In strong society.

No meu vulcão reserva a Relva
Um tranqüilo rincão -
O Acre que um Pássaro queria
Decerto pensarão -

Tão rubra a Brasa lá debaixo
Tão inseguro o chão
Se eu me mostrar o medo invade
A minha solidão.

A cova é a pequenina casa
Na qual a te "esperar"
Fiz chá de mármore na sala
E arrumei o lugar.

A dois, em pouco, separados
Um ciclo há de restar
Até a eternidade que há-de
Firme união atar.

I've heard an Organ talk, sometimes
In a Cathedral Aisle,
And understood no word it said -
Yet held my breath, the while -

And risen up - and gone away,
A more Bernardine Girl -
Yet - know not what was done to me
In that old Chapel Aisle.

Lightly stepped a yellow Star
To its lofty place -
Loosed the Moon her silver hat
From her lustral Face -
All of Evening softly lit
As an Astral Hall -
Father, I observed to Heaven,
You are punctual -

Eu já ouvi a voz de um Órgão
Na Nave de uma Catedral
E ainda que nada compreendesse -
Fiquei sem respirar -

E levantei-me - e fui embora -
Uma Garota menos má -
E ainda não sei que houve comigo
Naquela Catedral.

Longe uma pálida Estrela
Sua luz alçou -
A Lua o chapéu de prata
Lívida soltou -
Clara iluminou-se a Noite
No Salão Astral -
Meu Pai, ao Céu me dirijo,
Tu és pontual -

Elysium is as far as to
The very nearest Room
If in that Room a Friend await
Felicity or Doom -

What fortitude the Soul contains,
That it can so endure
The accent of a coming Foot -
The opening of a Door -

It came at last but prompter Death
Had occupied the House -
His pallid Furniture arranged
And his metallic Peace -

Oh faithful Frost that kept the Date
Had Love as punctual been
Delight had aggrandized the Gate
And blocked the coming in.

O Elísio é tão longe quanto
O mais próximo Quarto
Se nesse Quarto um Amigo espera
Alegria ou Desgraça -

Quanta firmeza faz uma Alma
Suportar de tal modo
A ênfase de Pés que chegam -
O abrir de uma Porta -

Enfim chegou porém a Morte
Já ocupara a Casa -
Dera-lhe a pálida Mobília
E a metálica Paz -

Oh se fiel como a Frieza
Tivesse o Amor chegado
Para o Prazer obstruir a Porta
E ninguém mais entrar.

*She rose to His Requirement - dropt
The Playthings of Her Life
To take the honorable Work
Of Woman, and of Wife -*

*If ought She missed in Her new Day,
Of Amplitude, or Awe -
Or first Prospective - Or the Gold
In using, wear away,*

*It lay unmentioned - as the Sea
Develop Pearl, and Weed,
But only to Himself - be known
The Fathoms they abide -*

*Oh honey of an hour,
I never knew thy power,
Prohibit me
Till my minutest dower,
My unfrequented flower
Deserving be.*

Ela se submeteu - desfez-se
Dos Brinquedos de Moça
Para assumir o digno Encargo
De Mulher e de Esposa -

Se algo perdeu seu novo Dia
De Encanto ou Plenitude
Ou Perspectivas, ou se o Ouro
Estragou-se com o uso -

Não se falou - como o Oceano
Faz a Pérola e as Algas
Só para Ele - e a ninguém mostra
No Fundo a sua Casa -

Ó mel de breve odor,
Não provei teu vigor,
Rejeita-me
Até que meu penhor,
Minha guardada flor,
Mereça-te.

*"Mama" never forgets her birds
Though in another tree -
She looks down just as often
And just as tenderly
As when her little mortal nest
With cunning care she wove -
If either of her "sparrows fall"
She "notices" above.*

*It dropped so low - in my Regard -
I heard it hit the Ground -
And go to pieces on the Stones
At bottom of my Mind -*

*Yet blamed the Fate that flung it - less
Than I denounced Myself
For entertaining Plated Wares
Upon my Silver Shelf -*

"Mamãe" não larga os passarinhos
Que noutra árvore deixa -
Ela os observa com o cuidado
Que já teve ao tecer
O seu pequeno e frágil ninho
Experiente e meiga -
Mesmo que caia um dos "filhotes"
Lá de cima ela "vê".

Caiu tão frágil - aos meus Olhos -
No Chão o ouvi bater -
E espalhar cacos sobre as Pedras
Do fundo do meu Ser -

Culpei por isso o Acaso - menos
Que a mim mesma acusei
Pois Louça Velha em meu Armário
Junto à Prata guardei -

The Missing All - prevented Me
From missing minor Things -
If nothing larger than a World's
Departure from a Hinge -
Or Sun's extinction - be observed -
'Twas not so large that I
Could lift my Forehead from my work
For Curiosity.

Bind me - I still can sing -
Banish - my mandolin
Strikes true within -

Slay - and my Soul shall rise
Chanting to Paradise -
Still thine.

O Perder Tudo - me livrou
De perder Ninharias -
Se nada maior do que um Mundo
Quebrar as Dobradiças
Ou extinguir-se o Sol - se vê -
Nada foi tão notável
Que do Trabalho me excluísse
Por Curiosidade.

Ata-me - ainda hei de cantar -
Expulsa - o bandolim
Dentro ressoa -

Mata - e minha Alma subirá
Em cânticos ao Céu -
Só tua.

*I many times thought Peace had come
When Peace was far away -
As Wrecked Men - deem they sight the Land -
At Centre of the Sea -*

*And struggle slacker - but to prove
As hopelessly as I -
How many the fictitious Shores -
Before the Harbor be -*

*That it will never come again
Is what makes life so sweet.
Believing what we don't believe
Does not exhilarate.*

*That if it be, it be at best
An ablative estate -
This instigates an appetite
Precisely opposite.*

Pensei que a Paz já tinha vindo
E longe a Paz estava -
Náufrago - que julgou ver Terra -
Lá no Meio do Mar -

E a refrear o esforço - nota
Como eu - desesperada -
Quanta fictícia Praia ainda
Até no Porto estar -

Que nunca mais virá de novo
É o que faz doce a vida.
Não nos apraz acreditarmos
No que não se acredita.

Que se ela é, ela é se muito
Uma posse ablativa -
Isto um apetite exatamente
Oposto nos instiga.

Whoever disenchants
A single Human soul
By failure or irreverence
Is guilty of the whole.

As guileless as a Bird
As graphic as a Star
Till the suggestion sinister
Things are not what they are -

Except the smaller size
No lives are round -
These - hurry to a sphere
And show and end -
The larger - slower grow
And later hang -
The Summers of Hesperides
Are long.

Quem quer que desiluda
Uma só Alma Humana
Por erro ou por irreverência
Todo o mal pagará.

Como o Pássaro ingênuo
Como a vívida Estrela
Até a indicação sinistra
Nada é o que é -

Nenhuma vida é esférica
Salvo as pequenas -
Essas - se mostram de uma vez
E vão-se às pressas -
As grandes - crescem devagar
E caem aos poucos -
Os verões das Hespérides
São longos.

*This quiet Dust was Gentlemen and Ladies
And Lads and Girls -
Was laughter and ability and Sighing
And Frocks and Curls.*

*This Passive Place a Summer's nimble mansion
Where Bloom and Bees
Exist an Oriental Circuit
Then cease, like these -*

*Some such Butterfly be seen
On Brazilian Pampas -
Just at noon - no later - Sweet
Then - the License closes -*

*Some such Spice - express and pass -
Subject to Your Plucking -
As the Stars - You knew last Night -
Foreigners - This Morning -*

Este Pó já foi Damas e Senhores
E Rapazes e Moças -
Foi risadas e prendas e suspiros
E Vestidos e Tranças.

Nesta mansão as Flores e as Abelhas
Que no Verão voltaram
Um Ciclo Oriental, como estas,
Viveram - e se foram -

Borboletas assim se vêem
Nos Pampas do Brasil -
Ao meio-dia - só - e acaba
A amável Permissão -

Sabores assim - vêm e voltam -
Depois de dar-se - a Ti -
Como Estrelas - que viste à Noite -
Estranhas - de Manhã -

*Not in this World to see his face -
Sounds long - until I read the place
Where this - is said to be
But just the Primer - to a life -
Unopened - rare - Upon the Shelf -
Clasped yet - to Him - and Me -*

*And yet - My Primer suits me so
I would not choose - a Book to know
Than that - be sweeter wise -
Might some one else - so learned - be -
And leave me - just my A - B - C -
Himself - could have the Skies -*

*The Riddle we can guess
We speedily despise -
Not anything is stale so long
As Yesterday's surprise -*

Não ver no Mundo a sua face -
É muito tempo - até que eu ache
Onde isto - é tudo só
Uma Cartilha - para a vida -
Na prateleira - inatingível -
Fechada - para nós -

Mas a Cartilha é o que me basta -
Livro nenhum - me fará falta -
Por mais raro - o saber -
Pode alguém ser - mais instruído -
Tomar nas mãos - o Paraíso -
Eu só quero - o ABC -

Não nos atraem os Enigmas
Que pouco nos escondem -
Nenhuma coisa está mais morta
Que a surpresa de Ontem -

I reason, Earth is short -
And Anguish - absolute -
And many hurt,
But, what of that?

I reason, we could die -
The best Vitality
Cannot excel Decay,
But, what of that?

I reason, that in Heaven -
Somehow, it will be even -
Some new Equation, given -
But, what of that?

Nature is what we know -
Yet have no Art to say -
So impotent our Wisdom is
To her Simplicity.

Penso - o Mundo é restrito -
E a Angústia - absoluta -
E há muito sofrimento,
Mas e daí?

Penso - a Morte não tarda -
A maior Fortaleza
Acaba-se em Ruína,
Mas e daí?

Penso - que o Paraíso
De alguma forma - é digno -
Outra Equação - possível -
Mas e daí?

A Natureza é o que sabemos
Mas a Arte não diria -
Tão cega é para o que é Simples
Nossa Sabedoria.

I gave myself to Him -
And took Himself, for Pay,
The solemn contract of a Life
Was ratified, this way -

The Wealth might disappoint -
Myself a poorer prove
Than this great Purchaser suspect,
The Daily Own - of Love

Depreciate the Vision -
But till the Merchant buy -
Still Fable - in the Isles of Spice -
The subtle Cargoes - lie -

At least - 'tis Mutual - Risk -
Some - found it - Mutual Gain -
Sweet Debt of Life - Each Night to owe -
Insolvent - every Noon -

Me dei a Ele - e em Paga
Recebi - Ele mesmo -
O solene contrato de uma Vida
Desse modo se fez -

As Riquezas enganam -
Eu posso ser mais pobre
Do que esse Comprador suspeitaria -
No Dia-a-dia - a Posse

Do Amor desfaz o Sonho -
Mas antes de comprada -
Oculta ainda - nas Lendárias Ilhas -
A fina Carga - estava -

O Risco - enfim - é Mútuo -
Para alguns - Mútuo o Ganho -
Bela Conta esta Vida - Hoje devendo -
Insolvente - Amanhã -

Impossibility, like Wine
Exhilarates the Man
Who tastes it; Possibility
Is flavorless - Combine

A Chance's faintest Tincture
And in the former Dram
Enchantment makes ingredient
As certainly as Doom -

We read in a tremendous Book
About "an enemy,"
And armed a confidential fort
To scatter him away.

The time has passed, and years have come,
And yet not any "Satan."
I think he must be making war
Upon some other nation.

O Impossível, como o Vinho,
Enche de entusiasmo
Quem dele prova - o Possível
Não tem sabor - Juntai

Uma Pitada só de Chance
E no primeiro Trago
O Encanto faz o ingrediente
Com certeza Fatal -

Lemos num Livro extraordinário
Sobre certo "inimigo"
E um forte armamos confiantes
De expulsá-lo daqui.

O tempo vai-se, e os anos chegam,
E "Satã" demorando -
Eu acho que ele está em guerra
Contra outra nação.

Bloom - is Result - to meet a Flower
And casually glance
Would scarcely cause one to suspect
The minor Circumstance

Assisting in the Bright Affair
So intricately done
Then offered as a Butterfly
To the Meridian -

To pack the Bud - oppose the Worm -
Obtain its right of Dew -
Adjust the Heat - elude the Wind -
Escape the prowling Bee

Great Nature not to disappoint
Awaiting Her that Day -
To be a Flower, is profound
Responsibility -

Florir - é um Fim - casualmente
Vendo uma Flor no campo
Talvez sequer alguém perceba
A sutil Circunstância

Que há na Lúcida Tarefa
A tal custo cumprida
Para se abrir qual Borboleta
Ao Sol do meio-dia -

Encher Botão - evitar Bicho -
O Orvalho obter bem cedo -
Expor-se à Luz - fugir ao Vento -
Precaver-se da Abelha

E não frustrar a Natureza
Que nesse Dia a aguarda -
Ser uma Flor é uma profunda
Responsabilidade -

Given in Marriage unto Thee
Oh thou Celestial Host -
Bride of the Father and the Son
Bride of the Holy Ghost.

Other Betrothal shall dissolve -
Wedlock of Will, decay -
Only the Keeper of this Ring
Conquer Mortality -

The Chemical conviction
That Nought be lost
Enable in Disaster
My fractured Trust -

The Faces of the Atoms
If I shall see
How more the Finished Creatures
Departed me!

A ti ó Celeste Hóstia
Entregue em Casamento -
Noiva do Pai, noiva do Filho
E do Espírito Santo.

Uma Promessa esvai-se -
Firme Vínculo - cede -
Só quem possui esta Aliança
Vence a Mortalidade -

A Certeza Química
Que Nada se perde
Encoraja no Desastre
Minha instável Fé -

As Faces dos Átomos
Se eu irei fitá-las
Quanto mais os Seres Findos
Que já estão lá!

So bashful when I spied her!
So pretty - so ashamed!
So hidden in her leaflets
Lest anybody find -

So breathless till I passed here -
So helpless when I turned
And bore her struggling, blushing,
Her simple haunts beyond!

For whom I robbed the Dingle -
For whom betrayed the Dell -
Many, will doubtless ask me,
But I shall never tell!

Not One by Heaven defrauded stay -
Although he seem to steal
He restitutes in some sweet way
Secreted in his will -

Tão acanhada ao vê-la -
Tão bela - tão calada -
Tão escondida em suas folhas
Para ninguém achar -

Tão aflita me espera -
Tão débil me acompanha
Ruborizada, a contorcer-se,
Fora de seu rincão -

Por quem roubei o Vale -
Por quem traí o Verde -
Muitos, eu sei, vão perguntar-me
Mas eu nunca direi!

O Céu não nos usurpa nada -
Mesmo aparentes furtos
São compensados sutilmente
Por desígnios ocultos -

Essential Oils - are wrung -
The Attar from the Rose
Be not expressed by Suns - alone -
It is the gift of Screws -

The General Rose - decay -
But this - in Lady's Drawer
Make Summer - When the Lady lie
In Ceaseless Rosemary

The vastest earthly Day
Is shrunken small
By one Defaulting Face
Behind a Pall -

Óleos voláteis - são prensados -
O Aroma de uma Rosa
Não é o Sol que capta - apenas -
Em Tornos se elabora -

Uma Rosa qualquer - não dura -
Mas esta - na Gaveta
Faz o Verão - depois que a Dona
Em Alecrins se deita

O mais longo dos Dias
Fica encurtado
Por um Saudoso Rosto
Amortalhado -

Speech is one symptom of Affection
And Silence one -
The perfectest communication
Is heard of none -

Exists and its indorsement
Is had within -
Behold, said the Apostle,
Yet had not seen!

The Blunder is in estimate.
Eternity is there
We say, as of a Station -
Meanwhile he is so near
He joins me in my Ramble -
Divides abode with me -
No Friend have I that so persists
As this Eternity.

A Fala é um sinal de Afeto
E outro o Silêncio -
A arte da comunicação perfeita
Ninguém possui -

Existe e lá no íntimo se prova
A sua evidência -
O Apóstolo disse "Vejam" -
Porém não viu!

O Erro está na estimativa.
Diz-se da Eternidade,
Como de uma Estação, é longe -
Mas ela está tão perto
Que me acompanha no Passeio -
Reparte o mesmo teto -
Não há Amigo que persista
Como essa Eternidade.

I have no Life but this -
To lead it here -
Nor any Death - but lest
Dispelled from there -
Nor tie to Earths to come -
Nor Action new -
Except through this Extent -
The Loving you -

Not seeing, still we know -
Not knowing, guess -
Not guessing, smile and hide
And half caress -
And quake - and turn away,
Seraphic fear -
Is Eden's innuendo
"If you dare"?

Eu não tenho outra Vida -
Para aqui desfrutar -
Nem outra Morte - afora
A que de lá vier -
Nem laços de outros Mundos -
Nem mais o que fazer
A não ser a esta Altura
O teu Amor -

Sem ver, ainda se sabe -
Sem saber, suspeita -
Sem suspeitar, sorri e esconde
Quase a tocar -
E treme - e vai embora,
Seráfico medo -
Será a sugestão do Éden
"Vai topar?"

That I did always love
I bring thee Proof
That till I loved
I never lived - Enough -

That I shall love alway -
I argue thee
That love is life -
And life hath Immortality -

This - dost thou doubt - Sweet -
Then have I
Nothing to show
But Calvary -

Confirming All who analyze
In the Opinion fair
That Eloquence is when the Heart
Has not a Voice to spare -

Eu te dou a Prova
De que sempre amei -
Até amar - eu quase
Não vivi -

Também te demonstro
Que sempre amarei -
O amor é vida - e a vida
É Imortal -

Meu Bem - se duvidas -
Então não terei
Nada para mostrar-te -
Só a Paixão -

É certa a Opinião geral
Pensamos nós
Que a Eloqüência é o Coração
Ficar sem Voz.

My country need not change her gown,
Her triple suit as sweet
As when 'twas cut at Lexington
And first pronounced "a fit."

Great Britain disapproves "the stars",
Disparagement discreet -
There's something in their attitude
That taunts her bayonet.

I asked no other thing -
No other - was denied -
I offered Being - for it -
The Mighty Merchant sneered -

Brazil? He twirled a Button
Without a glance my way -
"But - Madam - is there nothing else -
That we can show - Today?"

Minha pátria não vai mudar o traje,
A bela veste aberta
Que em Lexington foi costurada
E julgada "perfeita".

A Grã-Bretanha não quer as "estrelas",
Desfaçatez discreta -
Há algo que na atitude delas
Afronta a baioneta.

Não pedi outra coisa -
Nem outra - me negou -
Pus-Lhe aos pés minha Vida -
Sorriu o Mercador -

Brasil? Fitou as Unhas -
Nem um olhar me volveu -
"Senhora - não há mais nada
Para Hoje - se ver?"

God gave a Loaf to every Bird -
But just a Crumb - to Me -
I dare not eat it - tho' I starve -
My poignant luxury -

To own it - touch it - prove the feat -
That made the Pellet mine -
Too happy - for my Sparrow's chance -
For Ampler Coveting -

It might be Famine - all around -
I could not miss an Ear -
Such Plenty smiles upon my Board -
My Garner shows so fair -

I wonder how the Rich - may feel -
An Indiaman - An Earl -
I deem that I - with but a Crumb -
Am Sovereign of them all -

Deus deu um Pão a cada Ave -
E uma Migalha - a mim -
Não vou comê-la - embora à míngua -
Meu pungente prazer -

De tê-la - de tocá-la - prova -
Que este Pedaço é meu -
Nada maior para a Cobiça -
De tão feliz Pardal -

Pode haver Fome - aí afora -
Não me faz falta um Grão -
Tanto Sorriso à minha Mesa -
Grande o meu Silo é -

Penso o que sente - quem é Rico -
Um Conde - um Marajá -
Acho que - só com uma Migalha -
Mais que todos eu sou -

Over and over, like a Tune -
The Recollection plays -
Drums off the Phantom Battlements
Cornets of Paradise -

Snatches, from Baptized Generations -
Cadences too grand
But for the Justified Processions
At the Lord's Right hand.

The Mountain sat upon the Plain
In his tremendous Chair -
His observation omnifold,
His inquest, everywhere -

The Seasons played around his knees
Like Children round a sire -
Grandfather of the Days is He
Of Dawn, the Ancestor -

Sem pausa - como uma Cantiga -
Soa o Retrospecto -
Tambores de Muralhas Mortas
Cornetas lá do Céu -

Toques de Estirpes Batizadas -
Cadências que só chegam
Às Procissões dos Escolhidos
À Direita de Deus.

A alta Cadeira sobre o Vale
A Montanha ocupou -
Todas as coisas viu em volta
Tudo mais observou -

As Estações como Crianças
Vêm brincar ao seu pé -
A Ancestral das Alvoradas
A Avó dos Dias é -

September's Baccalaureate
A combination is
Of Crickets - Crows - and Retrospects
And a dissembling Breeze

That hints without assuming -
An Innuendo sear
That makes the Heart put up its Fun
And turn Philosopher.

Oh Shadow on the Grass,
Art thou a Step or not?
Go make thee fair my Candidate
My nominated Heart -
Oh Shadow on the Grass
While I delay to guess
Some other thou wilt consecrate -
Oh Unelected Face -

Bacharelado de Setembro
É uma combinação
De Grilos - Gralhas - e Lembranças
E a dissimulação

Da Brisa que se quer oculta -
Num seco Insinuar
O Coração deixa os Folguedos
E vai filosofar.

Ó Sombra sobre a Relva,
És tu um Passo ou não?
Vai-te enfeitar meu Candidato
Meu digno Coração -
Ó Sombra sobre a Relva,
Já que eu não decidi
Outro há de ser o teu eleito -
Ó Face que perdi -

*"Faithful to the end" amended
From the Heavenly clause -
Constancy with a Proviso
Constancy abhors -*

*"Crowns of Life" are servile Prizes
To the stately Heart,
Given for the Giving, solely,
No Emolument.*

*How destitute is he
Whose Gold is firm -
Who finds it every time
The small stale Sum -
When Love with but a Pence
Will so display
As is a disrespect
For India -*

"Fiéis até o fim" acrescentado
À cláusula Celeste -
A Constância com Ressalvas
A Constância fere -

"Coroa da Vida" é Prêmio indigno
Ao Coração sereno,
Dado a Dádivas, mais nada,
Sem Emolumento.

Tão miserável é aquele
Firme em seu Ouro -
Que avalia a todo tempo
Contar com Pouco -
Quando o Amor com um só Centavo
Se mostraria
Como se fosse uma afronta
À Índia -

Our lives are Swiss - so Still - so Cool -
Till some odd afternoon
The Alps neglect their Curtains
And we look farther on!

Italy stands the other side!
While like a guard between -
The solemn Alps - the siren Alps
Forever intervene!

This is my letter to the World
That never wrote to Me -
The simple News that Nature told -
With tender Majesty

Her Message is committed
To Hands I cannot see -
For love of Her - Sweet - countrymen -
Judge tenderly - of Me

Nossa vida é Suíça - Calma - Fria -
E eis que uma tarde vem -
Os Alpes abrem as Cortinas
E enxergamos além!

A Itália fica do outro lado!
Como guardas porém -
Os altos Alpes - os austeros Alpes
Para sempre intervêm!

Eis minha carta ao Mundo
Que nunca me escreveu -
Breves Notícias que com Fidalguia
A Natureza deu

Trazem Sua Mensagem
Mãos que não posso ver -
Por Ela me julgueis - gentis Senhores -
Com brando parecer

I thought the Train would never come -
How slow the whistle sang -
I don't believe a peevish Bird
So whimpered for the Spring -
I taught my Heart a hundred times
Precisely what to say -
Provoking Lover, when you came
Its Treatise flew away
To hide my strategy too late
To wiser be too soon -
For miseries so halcyon
The happiness atone -

By homely gift and hindered Words
The human heart is told
Of Nothing - "Nothing" is the force
That renovates the World -

Pensei que o Trem nunca viria -
O apito soa à distância -
Não chora assim um Passarinho
Quando acaba o Verão -
Ao Coração falei cem vezes
Tudo o que te diria -
Quando chegaste insinuante
O Discurso fugiu -
Para aprender agora é cedo -
Para mudar - é tarde -
Uma desgraça tão pequena
A alegria desfaz -

Por intuições e por sofismas
O coração fica sabendo
Sobre o Nada - "Nada" é a força
Que renova o Mundo -

When a Lover is a Beggar
Abject is his Knee -
When a Lover is an Owner
Different is he -

What he begged is then the Beggar -
Oh disparity -
Bread of Heaven resents bestowal
Like an obloquy -

Death is a dialogue between
The Spirit and the Dust.
"Dissolve" says Death - The Spirit "Sir
I have another trust" -

Death doubts it - argues from the ground -
The Spirit turns away
Just laying off for evidence
An overcoat of clay.

Se um Amante é um Pedinte
Indigno é seu joelho -
Se um Amante for o Dono
Outra coisa é -

O que pediu é então Pedinte -
Oh disparidade -
O Pão Celeste vê na Oferta
Uma abjeção -

A Morte é um diálogo
Entre o Pó e o Espírito.
"Dissolve-te" - ela diz - mas este -
"Outra crença me inspira".

Opõe-se a Morte em dúvida -
Vai-se embora o Espírito
Deixando só - como argumento -
Uma capa de argila.

The things we thought that we should do
We other things have done
But those peculiar industries
Have never been begun -

The Lands we thought that we should seek
When large enough to run
By Speculation ceded
To Speculation's Son -

The Heaven in which we hoped to pause
When Discipline was done
Untenable to Logic
But possibly the one -

Memory is a strange bell -
Jubilee and knell.

As coisas que queríamos ter feito
Outras coisas fizemos
E a tantas empreitadas
Nem começo se deu -

As terras que queríamos ter visto
E nunca percorremos
A Hipótese deixada
Hipótese morrer -

O Céu onde queríamos descanso
De tudo que sofremos
A Lógica não prova
Porém esse talvez -

A memória é um sino original -
Festa e funeral.

So proud she was to die
It made us all ashamed
That what we cherished, so unknown
To her desire seemed -
So satisfied to go
Where none of us should be
Immediately - that Anguish stooped
Almost to Jealousy -

I've seen a Dying Eye
Run round and round a Room -
In search of Something - as it seemed -
Then Cloudier become -
And then - obscure with Fog -
And then - be soldered down
Without disclosing what it be
'Twere blessed to have seen -

Tão altiva morria
Que nos envergonhávamos
De parecer o nosso gosto
Contrário ao seu querer -
Partia tão contente
Para onde não iríamos
De imediato - que a Angústia
Quase Inveja se fez -

Já vi um Olho morrendo
A recorrer um Quarto -
Como a buscar alguma Coisa -
E então se anuviar -
E então - turvar-se em Névoa -
E então - enrijecer-se -
Não revelando o que seria
Tão bom ainda ver -

Except the Heaven had come so near -
So seemed to choose My Door -
The Distance would not haunt me so -
I had not hoped - before -

But just to hear the Grace depart -
I never thought to see -
Afflicts me with a Double loss -
'Tis lost - and lost to me -

Whether my bark went down at sea -
Whether she met with gales -
Whether to isles enchanted
She bent her docile sails -

By what mystic mooring
She is held today -
This is the errand of the eye
Out upon the Bay.

Não me viesse o Céu tão perto -
Quase a bater-me à Porta -
Não tinha medo da Distância -
Eu - antes - nada quis -

Saber porém que agora a Graça
Que eu não vi foi embora -
Me aflige com uma Dupla Perda -
Perdeu-se - e eu a perdi -

Se ao mar se foi meu barco -
Se enfrentou as procelas -
Se em busca de ilhas encantadas
Abriu as dóceis velas -

Em que místico porto
Está seguro agora -
Esta a missão que têm os olhos
Pela Baía afora.

Did the Harebell loose her girdle
To the lover Bee
Would the Bee the Harebell hallow
Much as formerly?

Did the "Paradise" - persuaded -
Yield her moat of pearl -
Would the Eden be an Eden,
Or the Earl - an Earl?

A transport one cannot contain
May yet a transport be -
Though God forbid it lift the lid -
Unto its Ecstasy!

A Diagram - of Rapture!
A sixpence at a Show -
With Holy Ghosts in Cages!
The Universe would go!

Se ao Abelhão a Flor-de-Maio
Abrisse as suas pétalas
Será que a Flor o Amante ainda
Considerasse tanto?

Se o "Paraíso" - persuadido -
Desse o Poço de Pérolas -
Será que o Éden era um Éden
Ou o Santo - um Santo?

Um ímpeto não refreado
Pode ainda ser ímpeto -
Embora Deus proíba que ele suba
Para além do Prazer!

O Êxtase - num Diagrama!
Seis tostões o Espetáculo -
Os Espíritos Santos em Gaiolas!
Todo Mundo quer ver!

The most triumphant Bird I ever knew or met
Embarked upon a twig today
And till Dominion set
I famish to behold so eminent a sight
And sang for nothing scrutable
But intimate Delight
Retired, and resumed his transitive Estate -
To what delicious Accident
Does finest Glory fit!

The Heart has many Doors -
I can but knock -
For any sweet "Come in"
Impelled to hark -
Not saddened by repulse,
Repast to me
That somewhere, there exists,
Supremacy -

Pousou hoje num galho o Pássaro mais belo
Que conheci em minha vida
E enquanto Mundo houver
Anseio ver de novo outra visão tão meiga
E já por nada mais cantava
Que o íntimo Prazer
Cessava e retomava a efêmera Cantiga -
A que feliz Acaso dá-se
A Glória mais sutil!

O Coração tem muitas Portas -
É só chamar -
Na expectativa de um amável
"Pode entrar" -
Sem me abater uma recusa,
Resta insistir -
Nalgum lugar Supremacia
Deve existir -

Nature rarer uses Yellow
Than another Hue -
Saves she all of that for Sunsets
Prodigal of Blue

Spending Scarlet, like a Woman
Yellow she affords
Only scantly and selectly
Like a Lover's Words -

Luck is not chance - it's Toil -
Fortune's expensive smile
Is earned -
The Father of the Mine
Is that old-fashioned Coin
We spurned -

A Natureza usa Amarelo
Menos que outra Tinta -
Pródiga de Azul essa apenas
Ao Pôr-do-Sol limita

Sendo Mulher gasta Escarlate
Amarelo ela guarda
Miseramente - como as Juras
Da Pessoa amada -

Sorte não é chance - é Esforço -
Fortuna cobra a seu gosto
Cada risada -
A Padroeira da Mina
É aquela Moeda antiga
Desprezada -

It might be lonelier
Without the Loneliness -
I'm so accustomed to my Fate -
Perhaps the Other - Peace -

Would interrupt the Dark -
And crowd the little Room -
Too scant - by Cubits - to contain
The Sacrament - of Him -

I am not used to Hope -
It might intrude upon -
Its sweet parade - blaspheme the place -
Ordained to Suffering -

It might be easier
To fail - with Land in Sight -
Than gain - My Blue Peninsula -
To perish - of Delight -

Mais só talvez seria
Sem essa Soledade -
À minha Sina já me acostumei -
Talvez a Outra - Paz -

Interrompesse o Escuro -
E enchesse todo o Quarto -
Que tão estreito - e tão pequeno é
Para o seu - Ritual -

Mal conheço a Esperança -
Que pode intrometer-se -
Se ela vier - blasfema esse lugar -
Que para a Dor se fez -

Mais fácil talvez fosse
Quase em Terra - perder-me -
Que à minha Azul Península chegar -
E morrer - de Prazer -

Remembrance has a Rear and Front -
'Tis something like a House -
It has a Garret also
For Refuse and the Mouse.

Besides the deepest Cellar
That ever Mason laid -
Look to it by its Fathoms
Ourselves be not pursued -

Who has not found the Heaven - below -
Will fail of it above -
For Angels rent the House next ours,
Wherever we remove -

Tem Frente e Fundos a Memória -
Como uma Casa tem -
Para o Despejo e para o Rato
Há um Sótão também.

E ainda a Adega mais profunda
Que um Pedreiro já fez -
Ao descer lá toma Cuidado
Ou pegam-te de vez.

Quem não achou o Céu na terra
Dele não vai dispor -
Na Casa ao lado um Anjo mora,
Vá você onde for -

*I never saw a Moor -
I never saw the Sea -
Yet know I how the Heather looks
And what a Billow be -*

*I never spoke with God
Nor visited in Heaven -
Yet certain am I of the spot
As if the Checks were given -*

*Purple - is fashionable twice -
This season of the year,
And when a soul perceives itself
To be an Emperor.*

Eu nunca vi um Mangue -
Eu nunca vi o Mar -
Mas sei onde o Sargaço mora
E a Onda aonde irá.

No Céu eu nunca estive
Nunca falei com Deus -
Mas qual se à mão tivesse a Chave
O lugar eu já sei -

Púrpura - é moda duas vezes -
Nesta época do ano
E quando uma alma se percebe
Como Soberana.

*Proud of my broken heart, since thou didst break it,
Proud of the pain I did not feel till thee,*

*Proud of my night, since thou with moons dost slake it,
Not to partake thy passion, my humility.*

*These Fevered Days - to take them to the Forest
Where Waters cool around the mosses crawl -
And shade is all that devastates the stillness
Seems it sometimes this would be all -*

Orgulho em meu coração partido, desde que o partiste,
Orgulho da dor que eu não tinha até chegares,

Orgulho de minha noite, que no teu luar nutriu-se,
Não partilhar tua paixão - minha humildade.

Esses Dias Febris - levá-los à Floresta
Onde a Água fria enrosca-se no musgo
E só a sombra é que aniquila a calma
Parece às vezes que isso é tudo -

My River runs to thee -
Blue Sea! Wilt welcome me?
My River wait reply -
Oh Sea - look graciously -
I'll fetch thee Brooks
From spotted nooks -
Say - Sea - Take Me!

So set its Sun in Thee
What Day be dark to me -
What Distance - far -
So I the Ships may see
That touch - how seldomly -
Thy Shore?

Meu rio quer te encontrar,
Mar azul! Vais-me aceitar?
Meu rio quer que respondas,
Ó Mar - acalma essas ondas -
Trago-te os regatos
Que achei pelos matos -
Vem - Mar - me levar!

Se o Sol se põe em Ti
Que Dia é escuro para mim -
Que Distância - larga -
Se os Barcos posso ver enfim
Chegando - aqui e ali -
À tua Praia?

Autumn - overlooked my Knitting -
Dyes - said He - have I -
Could disparage a Flamingo -
Show Me them - said I -

Cochineal - I chose - for deeming
It resemble - Thee -
And the little Border - Dusker -
For resembling Me -

These tested Our Horizon -
Then disappeared
As Birds before achieving
A Latitude.

Our Retrospection of Them
A fixed Delight,
But our Anticipation
A Dice - a Doubt -

O Outono riu de minhas Malhas -
Cores - eu tenho - disse -
Que humilhariam um Flamingo -
Me mostra - eu lhe pedi -

A Cochinilha - eu trouxe - achando
Que se dá mais - contigo -
E este Debrum - de Lusco-Fusco -
Que está mais para mim -

Sondaram nosso Horizonte
E depois se foram -
Pássaros que a Latitude
Ainda procuram.

Deles as nossas Lembranças
Um Prazer contido -
Mas a nossa Expectativa
A Dúvida - o Dado -

*Flowers - Well - if anybody
Can the ecstasy define -
Half a transport - half a trouble -
With which flowers humble men.
Anybody find the fountain
From which floods so contra flow -
I will give him all the Daisies
Which upon the hillside blow.*

*Too much pathos in their faces
For a simple breast like mine -
Butterflies from St. Domingo
Cruising round the purple line -
Have a system of aesthetics -
Far superior to mine.*

*There are two Mays and then a Must
And after that a Shall.
How infinite the compromise
That indicates I will!*

Flores - bem - se se pudesse
Esse Êxtase explicar -
Meio prazer - meio pranto -
Que elas nos podem causar.
Para quem fixar a fonte
Donde o fluxo contraflui -
Dou todas as Margaridas
Que uma colina possui.

Muito apelo em suas faces
Para o frágil peito meu -
Borboleta em São Domingos
Que a rubra trilha escolheu
Tem estéticos sistemas
Superiores ao meu.

Há dois "Eu posso" e um "Eu preciso"
E depois um "Eu devo".
Tão infinito o compromisso
Que há num "Eu quero"!

*So glad we are - a Stranger'd deem
'Twas sorry, that we were -
For where the Holiday should be
There publishes a Tear -
Nor how Ourselves be justified -
Since Grief and Joy are done
So similar - An Optizan
Could not decide between -*

*A Shade upon the mind there passes
As when on Noon
A Cloud the mighty Sun encloses
Remembering*

*That some there be too numb to notice
Oh God
Why give if Thou must take away
The Loved?*

Somos felizes - e um Estranho
Pensaria o contrário -
Pois sempre que é Dia de Festa
Uma Lágrima sai -
Nem nos teria por Eleitos -
Já que a Dor e a Alegria
São tão iguais - um Microscópio
Não irá distinguir -

Uma Sombra perpassa-me a razão
Como a vagar
Uma Nuvem disfarça a luz do Sol
E faz lembrar

O que os ingênuos não irão saber
Oh Deus
Por que me dás para levar depois
Os Meus?

Light is sufficient to itself -
If Others want to see
It can be had on Window Panes
Some Hours in the Day.

But not for Compensation -
It holds as large a Glow
To Squirrel in the Himmaleh
Precisely, as to you.

Come slowly - Eden!
Lips unused to Thee -
Bashful - sip thy Jessamines -
As the fainting Bee -

Reaching late his flower,
Round her chamber hums -
Counts his nectars - enters -
And is lost in Balms.

A Luz completa-se a si própria -
Se Outros quiserem vê-la
Ela se mostra em certas Horas
Nos Vidros da Janela.

Mas não para se ter Vantagem -
Seu Brilho é exatamente
Para um Esquilo no Himalaia
Como é para a gente.

Chega sem pressa - Éden!
Lábios que não beijaste -
Débeis - sugam teus Jasmineiros -
Como a Abelha cansada

Que tarde a flor alcança -
Zumbe em torno à janela -
Calcula os seus néctares - entra -
E em Bálsamos se perde.

The Lady feeds Her little Bird
At rarer intervals -
The little Bird would not dissent
But meekly recognize

The Gulf between the Hand and Her
And crumbless and afar
And fainting, on Her yellow Knee
Fall softly, and adore -

The Brain, within its Groove
Runs evenly - and true -
But let a Splinter swerve -
'Twere easier for You -

To put a Current back -
When Floods have slit the Hills -
And scooped a Turnpike for Themselves -
And trodden out the Mills -

A Dama trata o Passarinho
Já sem tanta presteza
O Passarinho não protesta
Mas resignado vê

Entre Ele e a Mão o Precipício
E longe e sem migalha
E fraco, os Joelhos amarelos
Dobra, para adorar -

O Cérebro dentro do Encaixe
Funciona - a seu jeito -
Mas se uma Farpa deslocar-se -
É mais fácil Você

Levar de volta uma Enxurrada
Que já rachou os Morros -
E abriu no chão a própria Rota -
E os Moinhos quebrou -

To make One's Toilette - after Death
Has made the Toilette cool
Of only Taste we cared to please
Is difficult, and still -

That's easier - than Braid the Hair -
And make the Bodice gay -
When eyes that fondled it are wrenched
By Decalogues - away -

The smouldering embers blush -
Oh Heart within the Coal
Hast thou survived so many years?
The smouldering embers smile -

Soft stirs the news of Light
The stolid seconds glow
One requisite has Fire that lasts
Prometheus never knew -

Fazer a Toalete - após a Morte
Frio deixar na Toalete
O único Sabor que ela nos dava -
É difícil, embora -

Seja mais fácil - que fazer as Tranças -
E um ar feliz dar ao Corpete -
Se o olho que a mimou foi arrancado -
Por Decálogos - fora -

A brasa arde e enrubesce -
Ó Alma sob as Cinzas
Todo esse tempo e não morreste?
A brasa arde e sorri -

Branda Luz se faz nova
Brilham horas extintas
Próprio do Fogo é a persistência
E Prometeu não viu -

*The Mind lives on the Heart
Like any Parasite -
If that is full of Meat
The Mind is fat -*

*But if the Heart omit
Emaciate the Wit -
The Aliment of it
So absolute.*

*Is Heaven a Physician?
They say that He can heal -
But Medicine Posthumous
Is unavailable -
Is Heaven an Exchequer?
They speak of what we owe -
But that negotiation
I'm not a Party to -*

No Coração a Mente
É uma Parasita -
Se a Comida não falta
Fica repleta -

Porém se Ele se omite
A Lucidez se embota -
De tal modo absoluto
Esse Alimento.

É um Médico o Céu?
Dizem que traz a cura -
Mas nunca a Medicina
Pode ser Póstuma -
É um Fiscal o Céu?
Falam do que devemos -
Mas eu nesses negócios
Não sou Partícipe -

Bless God, he went as soldiers,
His musket on his breast -
Grant God, he charge the bravest
Of all the martial blest!

Please God, might I behold him
In epauletted white -
I should not fear the foe then -
I should not fear the fight!

So has a Daisy vanished
From the fields today -
So tiptoed many a slipper
To Paradise away -

Oozed so in crimson bubbles
Day's departing tide -
Blooming - tripping - flowing
Are ye then with God?

Por Deus, partiu como um soldado,
O fuzil junto ao peito –
Meu Deus, seja ele o mais valente
Dentre os guerreiros.

Ó Deus, pudesse eu vê-lo ainda
Com dragonas na farda –
Nem temeria o inimigo
Nem as batalhas.

Assim no campo a Margarida
Hoje desvaneceu –
Assim ao Céu a passo curto
Foram-se muitos Pés –

Do Dia assim em rubra espuma
Escoou-se a maré –
Crescendo – andando – refluindo –
Sois agora com Deus?

Of the Heart that goes in, and closes the Door
Shall the Playfellow Heart complain
Though the Ring is unwhole, and the Company broke
Can never be fitted again?

Presentiment - is that long Shadow on the Lawn -
Indicative that Suns - go down -

The Notice to the startled Grass
That Darkness is about to pass -

Do Coração que entra em casa e fecha a Porta
Cabe ao Parceiro reclamar
Se o Anel se extrincou e a União quebrou-se
E não se pode reparar?

Pressentimento - é a longa Sombra no Gramado -
Sinal de Sóis - que já se vão -

O Aviso à Relva em sobressalto
Que vai passar a Escuridão -

To be alive - is Power -
Existence - in itself -
Without a further function -
Omnipotence - Enough -

To be alive - and Will!
'Tis able as a God -
The Maker - of Ourselves - be what -
Such being Finitude!

The mob within the heart
Police cannot suppress
The riot given at the first
Is authorized as peace

Uncertified of scene
Or signified of sound
But growing like a hurricane
In a congenial ground.

Estar viva - é Poder -
A Existência - em si própria -
Já é suficiente Onipotência -
Sem outro requisito -

Estar viva - e Querer!
É como a Divindade -
O Nosso Criador - o que seria -
Se a Finitude é isto!

A gangue dentro da alma
A polícia não prende
O que de início era tumulto
É dado como paz

Sem cenário acertado
Ou som suficiente
Mas tal um furacão surgindo
Em um solo ideal.

That sacred Closet when you sweep -
Entitled "Memory" -
Select a reverential Broom -
And do it silently.

'Twill be a Labor of surprise -
Besides Identity
Of other Interlocutors
A probability -

August the Dust of that Domain -
Unchallenged - let it lie -
You cannot supersede itself
But it can silence you -

Partake as doth the Bee -
Abstemiously.
The Rose is an Estate -
In Sicily -

Para limpar o Armário antigo -
De "Memória" chamado -
Toma da Escova reverente -
E em silêncio o farás.

Esse Labor trará surpresas -
Também a Identidade
De outros Interlocutores
Probabilizará -

Se apossa o Pó desse Domínio
Excelso - a acumular-se -
Ele não pode ser contido
Mas pode te calar -

Serve-te como a Abelha -
Comedida.
A Rosa é um Patrimônio -
Na Sicília -

Don't put up my Thread and Needle -
I'll begin to Sew
When the Birds begin to whistle -
Better Stitches - so -

These were bent - my sight got crooked -
When my mind - is plain
I'll do seams - a Queen's endeavor
Would not blush to own -

Hems - too fine for Lady's tracing
To the sightless Knot -
Tucks - of dainty interspersion -
Like a dotted Dot -

Leave my Needle in the furrow -
Where I put it down -
I can make the zigzag stitches
Straight - when I am strong -

Till then - dreaming I am sewing
Fetch the seam I missed -
Closer - so I - at my sleeping -
Still surmise I stitch -

Guarda meus Fios e Agulhas -
Eu volto a coser
Quando os Pássaros voltarem -
Melhor - há de ser -

Fez-me errar pontos - a vista -
Com a mente sã
Da mais garbosa Rainha
Serei Artesã -

Bainha - Mulher nenhuma
Tão Delgada faz -
Debrum - de sutis nervuras -
Como Ponto-atrás -

Deixa-me a Agulha no risco -
Onde eu a enfiei -
Quando estiver com saúde
Mais pontos farei -

Até lá - eu penso em sonhos
Que estou a cerzir -
Deixa comigo os meus Fios -
Quando eu dormir -

*Nobody knows this little Rose -
It might a pilgrim be
Did I not take it from the ways
And lift it up to thee.
Only a Bee will miss it -
Only a Butterfly,
Hastening from far journey -
On its breast to lie -
Only a Bird will wonder -
Only a Breeze will sigh -
Ah Little Rose - how easy
For such as thee to die!*

*Silence is all we dread.
There's Ransom in a Voice -
But Silence is Infinity.
Himself have not a face.*

Ninguém conhece esta Rosa -
Podia estar perdida -
Se eu não fosse até a estrada
Trazê-la para ti.
Só a Abelha e a Borboleta
Sentirão sua falta
Quando em viagem vierem
No seu seio pousar -
Só a Brisa e os Beija-flores
Vão chorar a surpresa -
Ah, para ti, Linda Rosa,
É tão fácil morrer!

O Silêncio amedronta.
Conforta-nos a Fala -
Mas o Silêncio é Infinitude.
Silêncio não tem cara.

How many Flowers fail in Wood -
Or perish from the Hill -
Without the privilege to know
That they are Beautiful -

How many Cast a nameless Pod
Upon the nearest Breeze -
Unconscious of the Scarlet Freight -
It bear to Other Eyes -

The Poets light but Lamps -
Themselves - go out -
The Wicks they stimulate -
If vital Light

Inhere as do the Suns -
Each Age a Lens
Disseminating their
Circumference -

Tanta Flor fana-se no Bosque
Ou se extingue na Serra -
Sem ter ao menos o direito
De saber que era Bela -

Tantas as Vagens que sem nome
Dá-se à Brisa em destroços -
Sem que se note o Rubro Fardo
Pesar em Outros Olhos -

O Poeta acende Lâmpadas -
Ele próprio - apaga-se -
Os Pavios que inflama -
Se têm Essência

Como os Astros agregam-se -
Uma Lente em cada Época
Disseminando a sua
Circunferência -

They say that "Time assuages" -
Time never did assuage -
An actual suffering strengthens
As Sinews do, with age -

Time is a Test of Trouble -
But not a Remedy -
If such it prove, it prove too
There was no Malady -

Ambition cannot find him.
Affection doesn't know
How many leagues of nowhere
Lie between them now.

Yesterday, undistinguished!
Eminent Today
For our mutual honor,
Immortality!

Dizem que "o Tempo tudo cura" -
Mas o certo é que não -
A dor que é dor fica mais rija
Como velho Tendão -

O Tempo é Teste de Tormentos -
Não Remédio afinal -
Se algo isso prova, também prova
Que não havia Mal -

A ambição não o encontra.
O afeto não sabe
Que não-lugar de léguas
Entre eles cabe.

Ontem desconhecida!
Hoje sumidade
Para nossa honra mútua,
Imortalidade!

The ones that disappeared are back
The Phoebe and the Crow
Precisely as in March is heard
The curtness of the Jay -
Be this an Autumn or a Spring
My wisdom loses way
One side of me the nuts are ripe
The other side is May.

The Fact that Earth is Heaven -
Whether Heaven is Heaven or not
If not an Affidavit
Of that specific Spot
Not only must confirm us
That it is not for us
But that it would affront us
To dwell in such a place -

Estão de volta os que sumiram
A Gralha e o Papa-mosca
Como se em Março exatamente
Ouço o bordão do Gaio -
É isto Outono ou Primavera
Minha razão se ofusca
Um lado meu já colhe as nozes
O outro lado é Maio.

O Fato de que a Terra é o Céu -
Quer seja o Céu o Céu ou não
Mesmo que não a Garantia
Desse específico Local
Não só que para nós não é
Deve nos dar confirmação
Mas que uma afronta nos seria
Morar em tal lugar -

I send Two Sunsets - Day and I
In competition ran -
I finished Two - and several Stars -
While He - was making One -

His own was ampler - But as I
Was saying to a friend -
Mine - is the more convenient
To Carry in the Hand -

I took my Power in my Hand -
And went against the World -
'Twas not so much as David - had -
But I - was twice as bold -

I aimed by Pebble - but Myself
Was all the one that fell -
Was it Goliath - was too large -
Or was myself - too small?

Eis Dois Pores-de-Sol - o Dia e eu
Estamos competindo -
Fiz Dois - e fiz várias Estrelas -
E Ele - só fez Um -

O dele é bem maior - Mas como eu
Dizia a uma amiga -
O meu - é mais conveniente
Para levar na Mão -

Tomei na Mão a minha Força
E contra o Mundo investi -
Menos do que Davi - eu tinha -
Mas eu - era mais audaz -

Mirei a Pedra - mas eu mesma
Foi quem ao chão fui cair -
Era Golias - que era grande -
Ou eu - pequena demais?

*The Loneliness One dare not sound -
And would as soon surmise
As in its Grave go plumbing
To ascertain the size -*

*The Loneliness whose worst alarm
Is lest itself should see -
And perish from before itself
For just a scrutiny -*

*The Horror not to be surveyed -
But skirted in the Dark -
With Consciousness suspended -
And Being under Lock -*

*I fear me this - is Loneliness -
The Maker of the soul
Its Caverns and its Corridors
Illuminate - or seal -*

A Solidão que Ninguém sonda -
E o tamanho imagina
Enquanto põe o fio a prumo
Para a Cova medir -

A Solidão que o maior medo
É de ver a si própria -
E ante si própria destruir-se
Numa mirada só -

Não o Horror de nos vigiarem -
Mas no Escuro manter-nos -
A Consciência interceptada -
E na Prisão o Ser -

Sinto que a Solidão - é isto -
O Criador da alma
As Cavernas e os Corredores
Clarear - ou lacrar -

The Moon is distant from the Sea -
And yet, with Amber Hands -
She leads Him - docile as a Boy -
Along appointed Sands -

He never misses a Degree -
Obedient to Her Eye
He comes just so far - toward the Town -
Just so far - goes away -

Oh, Signor, Thine, the Amber Hand -
And mine - the distant Sea -
Obedient to the least command
Thine eye impose on me -

Society for me my misery
Since Gift of Thee -

Longe do Mar a Lua fica -
Com Mãos de Âmbar porém
Ela o conduz - dócil Criança -
Pelas Praias que quer -

Não erra Ele o seu Caminho -
Submisso ao seu Olhar
Um tanto aqui - as ondas chegam -
Um tanto ali - se vão -

Oh, sejam tuas as Mãos de Âmbar -
Meu é o Mar - Signor -
Obediente a qualquer ordem
Que teu olhar impõe -

Por companhia esta agonia
Porque vinda de Ti -

*The pedigree of Honey
Does not concern the Bee,
Nor lineage of Ecstasy
Delay the Butterfly
On spangle journeys to the peak
Of some perceiveless Thing -
The right of way to Tripoli
A more essential thing -*

*The Pedigree of Honey
Does not concern the Bee -
A Clover, any time, to him,
Is Aristocracy.*

Não interessa à Abelha
Se o Mel tem dinastia -
Nem a linhagem do Êxtase
À Borboleta vai
Deter na etérea Busca
De Algo imperceptível -
Poder chegar a Trípoli
É mais essencial -

Não interessa à Abelha
Se o Mel tem Dinastia -
Um Trevo, sempre, para ela,
É Aristocracia.

A South Wind - has a pathos
Of individual Voice -
As One detect on Landings
An Emigrant's address -

A Hint of Ports - and Peoples
And much not understood -
The fairer - for the farness -
And for the Foreignhood -

Away from Home are some and I -
An Emigrant to be
In a Metropolis of Homes
Is easy, possibly -

The Habit of a Foreign Sky
We - difficult - acquire
As Children, who remain in Face
The more their Feet retire.

Um Vento do Sul - tem apelos
Como os da voz humana -
Igual se nota na Chegada
O Emigrante falar -

Um rastro de Portos - e Povos -
E coisas não captadas -
Tão mais sutis - pela distância -
E a Estrangeirização -

Há alguns como eu fora de Casa -
Tornar-se um Emigrante
Numa Metrópole de lares -
É fácil, certamente -

Com o Hábito de um Céu Alheio -
Difícil - quem se arranje -
Como Filhos que o Rosto mostram
Mais os Pés estão longe -

By a flower - By a letter -
By a nimble love -
If I weld the Rivet faster -
Final fast - above -

Never mind my breathless Anvil!
Never mind Repose!
Never mind the sooty faces
Tugging at the Forge!

'Tis easier to pity
Those when dead
That which pity previous
Would have saved
A Tragedy enacted
Secures applause
That Tragedy enacting
Too seldom does.

Por uma flor - uma carta -
Por um amor ligeiro -
Se o Rebite - lá em cima -
Forte e firme deixo -

Que me importa ter Descanso!
Que arqueje a Bigorna!
Que a fuligem cubra as faces
No labor da Forja!

É mais fácil chorarmos
Os que morreram
Que por falta de pena
É que se foram
A Tragédia já finda
Obtém o aplauso
Que na Tragédia em cena
Pouco tem uso.

Me from Myself - to banish -
Had I Art -
Impregnable my Fortress
Unto All Heart -

But since Myself - assault Me -
How have I peace
Except by subjugating
Consciousness?

And since We're mutual Monarch
How this be
Except by Abdication -
Me - of Me?

Least Rivers - docile to some Sea.
My Caspian - thee.

Eu mesma a Mim - banir-me -
Tivesse a Ocasião -
Fora do meu Reduto
O Coração -

Mas se a Mim - Eu assalto -
Como a paz encontrar
Salvo se a Consciência
Assujeitar?

E sendo Ambas Monarcas
Como fazer assim
A não ser abdicando -
A Mim - de Mim?

Humildes rios - a algum Mar servis.
Meu Cáspio - a ti.

As from the earth the light Balloon
Asks nothing but release -
Ascension that for which it was,
Its soaring Residence.

The spirit turns upon the Dust
That fastened it so long
With indignation, as a Bird
Defrauded of its Song.

In snow thou comest -
Thou shalt go with the resuming ground,
The sweet derision of the crow,
And Glee's advancing sound.

In fear thou comest -
Thou shalt go at such a gait of joy
That man anew embark to live
Upon the depth of thee.

Como da terra o ágil Balão
Pede apenas soltura -
Ascensão para a qual foi feito,
Sua Casa na altura

O espírito contempla o Pó
Que o oprimira tanto
Com indignação, como uma Ave
Privada de seu Canto.

Com a neve chegas -
Hás de voltar com o solo renovado
O terno desdém do corvo
E a Alegria a cantar.

Com medo chegas -
Hás de voltar com passo tão festivo
Que irá viver outro homem
Lá no fundo de ti.

*Spring is the Period
Express from God.
Among the other seasons
Himself abide,*

*But during March and April
None stir abroad
Without a cordial interview
With God.*

*A Moth the hue of this
Haunts Candles in Brazil.
Nature's Experience would make
Our Reddest Second pale.*

*Nature is fond, I sometimes think,
Of Trinkets, as a Girl.*

A Primavera é a Época do ano
Que a Deus pertence.
Um lar nas outras estações
Ele mantém,

Mas Março e Abril não se viaja
Ao estrangeiro
Sem ter uma entrevista cordial
Com Deus.

Mariposas desse matiz
Rondam as Velas no Brasil.
A Natureza aqui não faz
Rubro tão vivo como lá.

Como uma Moça, eu acho, a Natureza é fã
Desses Balangandãs.

The Bustle in a House
The Morning after Death
Is solemnest of industries
Enacted upon Earth -

The Sweeping up the Heart
And putting Love away
We shall not want to use again
Until Eternity

No Autumn's intercepting Chill
Appalls this Tropic Breast -
But African Exuberance
And Asiatic rest.

As Tarefas da Casa
Na Manhã após a Morte
São o mais solene dos ofícios
Que na Terra se adota -

O Coração varrido
E o Amor posto de lado
Que não se quer usar de novo
Até a Eternidade

Frios de Outono não lhe ferem
O Seio Tropical -
Só Africana Exuberância
E Asiática Paz.

The most important population
Unnoticed dwell,
They have a heaven each instant
Not any hell.

Their names, unless you know them,
'Twere useless tell.
Of bumble-bees and other nations
The grass is full.

As subtle as tomorrow
That never came,
A warrant, a conviction,
Yet but a name.

Oculta vive essa importante
População -
Gozam o céu o tempo todo -
O inferno não.

Seus nomes, se não os conheces,
Inúteis são -
De mangangás e de outras tribos
É farto o chão.

Tão tênues como o amanhã
Que nunca vem
Garantia e convicção
Só nome têm.

One Crucifixion is recorded - only -
How many be
Is not affirmed of Mathematics -
Or History -

One Calvary - exhibited to Stranger -
As many be
As persons - or Peninsulas -
Gethsemane -

Is but a Province - in the Being's Centre -
Judea -
For Journey - or Crusade's Achieving -
Too near -

Our Lord - indeed - made Compound Witness -
And yet -
There's newer - nearer Crucifixion
Than That -

Só de uma Crucificação se fala -
Não se recorda
A Matemática de quantas houve -
Nem a História -

Um Calvário - encenado para Estranhos -
Tantos aqui
Quantas são as Pessoas - ou Penínsulas -
Getsêmani -

É só - dentro do Ser - uma Província -
Judéia -
Para uma Romaria - uma Cruzada -
Tão perto -

Nosso Pai teve - é fato - Testemunhas -
Porém -
Há novas Crucificações mais próximas
Também -

My first well Day - since many ill -
I asked to go abroad,
And take the Sunshine in my hands,
And see the things in Pod -

A'blossom just when I went in
To take my Chance with pain -
Uncertain if myself, or He,
Should prove the strongest One.

The Summer deepened, while we strove -
She put some flowers away -
And Redder cheeked Ones - in their stead -
A fond - illusive way -

To cheat Herself, it seemed she tried -
As if before a child
To fade - Tomorrow - Rainbows held
The Sepulchre, could hide.

She dealt a fashion to the Nut -
She tied the Hoods to Seeds -
She dropped bright scraps of Tint, about -
And left Brazilian Threads

On every shoulder that she met -
Then both her Hands of Haze
Put up - to hide her parting Grace
From our unfitted eyes.

Depois de dias de Doença
Olhar o mundo eu quis
E a Luz do Sol nas mãos tomá-la
E ver o que nos Pés

Desabrochava quando em casa
Lutava contra a Dor -
Sem ter certeza se eu ou Ela
Iria enfim ganhar.

Já o Verão que ao fim chegava
As flores extinguiu -
E em seu lugar outras mais rubras
Caprichoso deixou -

Criança fora e já morria -
E estava a se enganar -
Tentando - à sombra do Arco-Íris -
Da Cova se esconder.

Vestiu a Noz para enfeitá-la -
Deu aos Grãos um Capuz -
Deixou cair trapos de Tinta
E Brasileiras Lãs

Em cada ombro que tocava -
As Mãos de névoa a encher
Se pôs - negando à Graça extinta
O nosso impróprio olhar.

My loss, by sickness - Was it Loss?
Or that Ethereal Gain
One earns by measuring the Grave -
Then - measuring the Sun.

Foi perda a Perda na doença?
Ou o Ganho sutil
De quem mediu a Sepultura -
E aí - mediu o Sol

*A Charm invests a face
Imperfectly beheld -
The Lady dare not lift her Veil
For fear it be dispelled -*

*But peers beyond her mesh -
And wishes - and denies -
Lest Interview - annul a want
That Image - satisfies -*

*God is indeed a jealous God -
He cannot bear to see
That we had rather not with Him
But with each other play.*

Um Charme investe a face
Vagamente entrevista -
Não abre a Dama o véu temendo
O encanto destruir -

Mas espia entre as rendas -
E pretende - e disfarça -
Vá que um Encontro acabe anseios
Que a Vista - satisfaz -

Deus é de fato um Deus ciumento -
Não suporta notar
Que entre nós dois e não com Ele
Preferimos brincar.

The distance that the dead have gone
Does not at first appear
Their coming back seems possible
For many an ardent year.

And then, that we have followed them,
We more than half suspect,
So intimate have we become
With their dear retrospect.

A train went through a burial gate,
A bird broke forth and sang,
And trilled, and quivered, and shook his throat
Till all the churchyard rang,

And then adjusted his little notes,
And bowed and sang again.
Doubtless, he thought it meet of him
To say good-by to men.

A distância entre nós e os mortos
Custa um pouco notar -
No ardor de um ano ou mais parece
Que poderão voltar.

E então que nós já os seguimos
Temos certa impressão -
Tão íntima se torna a sua
Terna retrospecção.

Chegou o enterro ao cemitério,
Um pássaro cantou,
E os pios e trinos e gorjeios
A capela ecoou,

E aí curvou-se e às suas notas
Um novo arranjo deu.
Pensou, talvez, que lhe cabia
Saudar o que morreu.

Ample make this Bed -
Make this Bed with Awe -
In it wait till Judgment break
Excellent and Fair.

Be its Mattress straight -
Be its Pillow round -
Let no Sunrise' yellow noise
Interrupt this Ground -

I hide myself - within my flower,
That fading from your Vase -
You - unsuspecting - feel for me -
Almost - a loneliness -

Faça larga esta Cama -
Com Devoção a faça -
Para nela esperar pela Sentença
Definitiva e exata.

Justo o Colchão lhe fique -
Cheio o seu Travesseiro -
Que o barulho dourado da Alvorada
Não perturbe este Leito.

Dentro de minha flor - me escondo -
Para ao murchar em teu Vaso
Tu - sem que saibas - por mim sintas
Quase que uma saudade -

There is a solitude of space
A solitude of sea
A solitude of death - but these
Society shall be
Compared with that profounder site
That polar privacy
A soul admitted to itself -
Finite infinity.

The Stimulus, beyond the Grave
His Countenance to see
Supports me like imperial Drams
Afforded Day by Day.

Há solitude pelo espaço
No mar há solitude
Na morte há solitude - porém todas
São uma sociedade
À vista dessa instância mais profunda
Polar privacidade
Que uma alma dá para si própria -
Finita infinitude.

O Estímulo de ver seu Rosto
Do outro lado da Cova
É o Néctar que meu Alento
Dia a dia renova.

The Products of my Farm are these
Sufficient for my Own
And here and there a Benefit
Unto a Neighbor's Bin.

With Us, 'tis Harvest all the Year
For when the Frosts begin
We just reverse the Zodiac
And fetch the Acres in -

It is an honorable thought
And makes one lift one's hat
As one met sudden gentlefolk
Upon a daily street

That we've immortal Place
Though pyramids decay
And kingdoms, like the orchard
Flit russetly away.

Eis os Produtos do meu Sítio
Para me sustentar
E aqui e ali com a Vizinhança
Algo que partilhar.

Colheita temos o Ano todo
Pois se o Gelo chegar
Basta o Zodíaco invertermos
E os Acres ir buscar -

É um digno pensamento
E a mão à fronte nos guia
Como topar um fidalgo
Em plena rua

Que um Lugar imortal temos
Mas as pirâmides caem
E os reinos, como os pomares,
Se decompõem.

Far from Love the Heavenly Father
Leads the Chosen Child,
Oftener through Realm of Briar
Than the Meadow mild.

Oftener by the Claw of Dragon
Than the Hand of Friend
Guides the Little One predestined
To the Native Land -

That Love is all there is,
Is all we know of Love.
It is enough, the freight should be
Proportioned to the groove.

Papai do Céu trata sem Pena
A Criança Escolhida -
Mais vezes por um Chão de Sarças
Que de Várzea bonita.

Por Garras de Dragão mais vezes
Que pela Mão Amiga
Leva o Pequeno Ser eleito
Para a Terra Nativa -

Que o Amor é tudo que existe
É tudo que sei do Amor.
Isto é bastante - o peso deve
Adequar-se ao andor.

So give me back to Death -
The Death I never feared
Except that it deprived of thee -
And now - by Life deprived -
In my own Grave I breathe
And estimate its size -
Its size is all that Hell can guess -
And all that Heaven was -

Paradise is of the option.
Whosoever will
Own in Eden notwithstanding
Adam and Repeal.

Leva-me assim de novo à Morte -
A Morte não me tira
Mais que a certeza de perder-te -
E agora - que perdi -
Respiro em minha própria Cova
E estimo o que ela mede -
Mede o que pode ser o Inferno
E o que já foi o Céu -

O Paraíso é uma escolha.
Os que querem terão
Lugar no Éden não obstante
O Exílio de Adão.

More than the Grave is closed to me -
The Grave and that Eternity
To which the Grave adheres -
I cling to nowhere till I fall -
The Crash of nothing, yet of all -
How similar appears -

A Dimple in the Tomb
Makes that ferocious Room
A Home -

Mais do que a Cova me é vedado -
A Cova e aquela Eternidade
À qual a Cova adere -
No ar me firmei o quanto pude -
Nada cair - e cair tudo -
Tão similar parece -

Uma Covinha vai tornar
A Cova - esse cruel Lugar -
Um Lar -

*The Vision - pondered long -
So plausible becomes
That I esteem the Fiction - real -
The Real - fictitious seems -*

*How bountiful the Dream -
What Plenty - it would be -
Had all my Life been one Mistake
Just rectified - in Thee*

*Surprise is like a thrilling - pungent -
Upon a tasteless meat
Alone - too acrid - but combined
An edible Delight -*

Tão plausível se torna
Um Sonho acalentado
Que o Real para mim já é fictício -
A Ficção - é real -

Que Visão suntuosa -
Que Riqueza - seria -
Tivesse minha Vida sido um Erro
Corrigido - por Ti

Surpresa é um frêmito - picante -
Numa receita insípida -
Amarga - só - mas combinada
Um Prazer comestível -

Fame of Myself, to justify,
All other Plaudit be
Superfluous - An Incense
Beyond Necessity -

Fame of Myself to lack - Although
My Name be else Supreme -
This were an Honor honorless -
A futile Diadem -

Beauty crowds me till I die
Beauty mercy have on me
But if I expire today
Let it be in sight of thee -

A Fama me reconhecesse,
Outras Palmas seriam
Desnecessárias - um Perfume
Sem maior Serventia -

A Fama me faltasse - embora
Fosse alto o meu Conceito -
Isto seria Honra sem honra -
Um inútil Enfeite -

Beleza mata-me de arrocho
Beleza tem dó de mim
Mas se eu tiver de morrer hoje
Que seja à vista de ti -

UMA ARMA CARREGADA
(IMITAÇÕES)

Traduzir poesia não é só traduzir (só) poesia: é fazer "outra coisa".
Álvaro de Freitas

Because I could not stop for Death -
He kindly stopped for me -
The Carriage held but just Ourselves -
And Immortality.

We slowly drove - He knew no haste
And I had put away
My labor and my leisure too,
For His Civility.

We passed the School, where Children strove
At Recess - in the Ring -
We passed the Fields of Gazing Grain -
We passed the Setting Sun -

Or rather - He passed Us -
The Dews drew quivering and chill -
For only gossamer, my Gown -
My Tippet - only Tulle -

We paused before a House that seemed
A swelling of the Ground -
The Roof was scarcely visible -
The Cornice - in the Ground -

Since then - 'tis Centuries - and yet
Feels shorter than the Day
I first surmised the Horses' Heads
Were toward Eternity -

Porque não tinha tempo para a Morte
Ela gentil veio buscar-me -
A Carruagem só levou nós Duas -
E a Imortalidade.

Fomos sem pressa - a Morte não tem pressa
E por dever de Cortesia
Eu tinha posto o meu Lazer de lado
E o Afã do dia-a-dia.

Passamos pela Escola onde as Crianças
Brincavam no Recreio -
Pelos Campos de Grãos que nos olhavam -
Pelo Sol a esconder-se -

Ou talvez era o Sol que nos passava -
De frio já tremia o Orvalho -
Era uma renda fina meu Vestido -
Tule - meu Agasalho -

Paramos junto de uma Casa que era
Como um monturo ali no Solo -
O Telhado já quase não se via -
A Cornija - no Solo -

Desde então - já faz séculos - e eu acho
Mais longo o Dia - na verdade -
Que as Caras dos Cavalos nos guiavam
Para a Eternidade -

To lose thee - sweeter than to gain
All other hearts I knew.
'Tis true the drought is destitute,
But then, I had the dew!

The Caspian has its realms of sand,
Its other realm of sea.
Without the sterile perquisite,
No Caspian could be.

On the Bleakness of my Lot
Bloom I strove to raise -
Late - my Garden of a Rock
Yielded Grape - and Maize -

Soil of Flint, if steady tilled
Will refund by Hand -
Seed of Palm, by Libyan Sun
Fructified in Sand -

Melhor perder-te do que todo o resto
Dos corações ganhar -
Se é que me espera a privação da seca
O orvalho há de bastar.

O Cáspio tem uma porção de areia
E de água outra porção -
Não haveria Cáspio não houvesse
Esse estéril quinhão.

Num Pedaço de Terra devastada
Eu quis Flores colher -
E agora vejo em meu Jardim de Pedra
Uva e Milho crescer -

O Solo Duro se lavrado a jeito
Nos recompensará -
A Semente da Palma ao sol da Líbia
É na Areia que dá -

I taste a liquor never brewed -
From Tankards scooped in Pearl -
Not all the Vats upon the Rhine
Yield such an Alcohol!

Inebriate of Air - am I -
And Debauchee of Dew -
Reeling - thro endless summer days -
From inns of Molten Blue -

When "Landlords" turn the drunken Bee
Out of the Foxglove's door -
When Butterflies - renounce their "drams" -
I shall but drink the more!

Till Seraphs swing their snowy Hats -
And Saints - to windows run -
To see the little Tippler
Leaning against the - Sun -

Provo desse licor inconfundível
Numa Taça de pérolas bordada -
Nenhum Tonel em todo o Reno
Álcool assim terá!

Os longos dias do Verão pisando
Das tavernas saí de Azul em Fogo
E pela Brisa inebriada
Ao Orvalho me dou -

Bêbeda a Abelha para fora é posta
À porta de uma Flor - a Borboleta
Já renuncia a mais um trago -
E eu ainda a beber!

Anjos agitam os Chapéus de neve -
E os Santos todos à janela correm -
Para me ver Embriagada
Me escorando - no Sol -

Death sets a Thing significant
The Eye had hurried by
Except a perished Creature
Entreat us tenderly

To ponder little Workmanships
In Crayon, or in Wool,
With "This was last Her fingers did" -
Industrious until -

The Thimble weighed too heavy -
The stitches stopped - by themselves -
And then 'twas put among the Dust
Upon the Closet shelves -

A Book I have - a friend gave -
Whose Pencil - here and there -
Had notched the place that pleased Him -
At Rest - His fingers are -

Now - when I read - I read not -
For interrupting Tears -
Obliterate the Etchings
Too Costly for Repairs.

A Morte dá significado a Objetos
Antes despercebidos
Não nos viera Alguém agora morto
Gentilmente pedir

A nossa opinião sobre um Trabalho -
Um Desenho - uma Veste
Que as suas Mãos na ocasião faziam -
Hábeis que eram até

Que o Dedal lhes ficou muito pesado -
Os Pontos já se foram -
E sobre as prateleiras de um Armário
Entre o Pó se deixou -

Deu-me um Amigo - cujas Mãos repousam -
Um Livro em que seu Lápis
Assinalou passagens preferidas
Num e noutro lugar -

Agora - quando leio - eu não leio -
Que as Lágrimas me chegam -
Apagam essas Marcas muito caras
Para se refazer.

One Blessing had I than the rest
So larger to my Eyes
That I stopped gauging - satisfied -
For this enchanted size -

It was the limit of my Dream -
The focus of my Prayer -
A perfect - paralyzing Bliss -
Contented as Despair -

I knew no more of Want - or Cold -
Phantasms both become
For this new Value in the Soul -
Supremest Earthly Sum -

The Heaven below the Heaven above -
Obscured with ruddier Blue -
Life's Latitudes leant over - full -
The Judgment perished - too -

Why Bliss so scantily disburse -
Why Paradise defer -
Why Floods be served to Us - in Bowls -
I speculate no more -

Uma Bênção obtive que tão grande
Ao meu Olhar se revelou
Que nada mais eu quis - e satisfeita
Na vida me deixou -

Era tudo que em Sonho eu desejava
E o que eu pedia em Oração -
Um Êxtase perfeito - estonteante -
Saciada Aflição -

E nem mais Frio nem Necessidade
Daí em diante eu enfrentei -
E mais alto Valor e mais Riqueza
Na Terra não achei -

O Céu debaixo desse Céu lá fora
De vivo Azul se preencheu -
A Vida extravasou as Latitudes -
A Razão - se perdeu -

E por que pouco uma Alegria dura -
E o Céu demora a nos chegar -
E nos servem Dilúvios - a mão cheia -
Deixei de especular -

The Brain - is wider than the Sky -
For - put them side by side -
The one the other will contain
With ease - and You - beside -

The Brain is deeper than the sea -
For - hold them - Blue to Blue -
The one the other will absorb -
As Sponges - Buckets - do -

The Brain is just the weight of God -
For - Heft them - Pound for Pound -
And they will differ - if they do -
As Syllable from Sound -

We shall find the Cube of the Rainbow.
Of that, there is no doubt.
But the Arc of a Lover's conjecture
Eludes the finding out.

O Cérebro - é mais amplo do que o Céu -
Se lado a lado - os tens -
Com folga este naquele caberá -
Cabendo-te também -

O Cérebro é mais fundo do que o Mar -
De Azul a Azul - verás -
Como Baldes - a Esponja - há de absorver -
Um ao outro o fará -

O Cérebro - é pesado como Deus -
Se na Balança - os põem -
Serão iguais - ou quase - tal e qual
A Sílaba e o Som -

Acharemos o Cubo do Arco-íris.
Disso ninguém vai duvidar.
Mas o Arco das Idéias de quem ama
Não se deixa encontrar.

On that dear Frame the Years had worn
Yet precious as the House
In which We first experienced Light
The Witnessing, to Us -

Precious! It was conceiveless fair
As Hands the Grave had grimed
Should softly place within our own
Denying that they died.

Her breast is fit for pearls,
But I was not a "Diver" -
Her brow is fit for thrones
But I had not a crest.
Her heart is fit for home -
I - a Sparrow - build there
Sweet of twigs and twine
My perennial nest.

Na querida Moldura exposta ao Tempo
Porém tão preciosa quanto a Casa
Onde primeiro à Luz nos entregamos
A Prova nos foi dada -

Tão preciosa! Incrivelmente bela
Qual se a Mão que encardiu dentro da Cova
Tomasse a nossa mão suavemente
Negando que está morta.

Seus seios uma pérola merecem -
Mas quem há de trazê-la -
Sua fronte foi feita para o trono
Mas que láurea lhe dar?
Seu coração por uma casa anseia -
Eu - um Pardal - de ramos
E de gravetos nele fiz um ninho
Que há de eterno durar.

*It's easy to invent a Life -
God does it - every Day -
Creation - but the Gambol
Of His Authority -*

*It's easy to efface it -
The thrifty Deity
Could scarce afford Eternity
To Spontaneity -*

*The Perished Patterns murmur -
But His Perturbless Plan
Proceed - inserting Here - a Sun -
There - leaving out a Man -*

*Pass to they Rendezvous of Light,
Pangless except for us -
Who slowly ford the Mystery
Which thou hast leaped across!*

Inventar uma Vida é fácil -
Todos os dias Deus faz isso -
A Criação - é um simples Passatempo
Em Suas horas de Serviço -

Fácil também é destruí-la -
Essa avarenta Divindade
Às Coisas Espontâneas mal consegue
Oferecer a Eternidade -

Queixam-se as Peças Descartadas -
Mas Seu Imperturbável Plano
Prossegue - aqui se põe mais uma Estrela -
Ali se omite um Ser Humano -

Vai para o teu Encontro Luminoso
Sem dor exceto a que nos deste -
Que lentos vadeamos o Mistério
Por sobre o qual saltaste -

*In Ebon Box, when years have flown
To reverently peer,
Wiping away the velvet dust
Summers have sprinkled there!*

*To hold a letter to the light -
Grown Tawny now, with time -
To con the faded syllables
That quickened us like Wine!*

*Perhaps a Flower's shrivelled cheek
Among its stores to find -
Plucked far away, some morning -
By gallant - mouldering hand!*

*A curl, perhaps, from foreheads
Our Constancy forgot -
Perhaps, an Antique trinket -
In vanished fashions set!*

*And then to lay them quiet back -
And go about its care -
As if the little Ebon Box
Were none of our affair!*

Abrir com devoção, guardada há anos,
Uma Caixinha de Ébano,
Tirando-lhe a poeira aveludada
Que de verões se fez -

Uma carta apagada pelo tempo
Olhar à luz da lâmpada -
Reler frases que outrora - como o vinho -
Nos fizeram sonhar -

Achar talvez, por entre essas relíquias,
Uma enrugada pétala
Que extinta mão gentil em outras plagas
Certa manhã colheu -

Uma trança, talvez, de alguma fronte
Que há muito não lembrávamos -
Uma bijuteria envelhecida
Pela moda fugaz -

E em silêncio guardar tudo de novo
E essa Caixinha de Ébano
Deixar de lado - como se conosco
Nada tivesse a ver -

I died for Beauty - but was scarce
Adjusted in the Tomb
When One who died for Truth, was lain
In an adjoining Room -

He questioned softly "Why I failed?"
"For Beauty," I replied -
"And I - for Truth - Themself are One -
We Brethren are," he said.

And so, as Kinsmen, met a Night -
We talked between the Rooms -
Until the Moss had reached our lips -
And covered up - our names -

Lad of Athens, faithful be
To thyself, and Mystery -
All the rest is Perjury -

Morri pela Beleza - e em minha Cova
Eu não me sentia a gosto
Quando Alguém que morreu pela Verdade
À Cova ao lado chegou -

Ele indagou gentil por que eu viera -
E eu disse - "Pela Beleza" -
"Eu vim pela Verdade - a Mesma Coisa -
Somos Irmãos" - respondeu -

E quais Parentes juntos numa Noite
Conversamos nos Jazigos -
Até que o Musgo nos chegou aos lábios
E nossos nomes cobriu -

Jovem de Atenas, é necessário
Crer em ti mesmo e no Mistério -
Tudo o mais é Perjúrio -

I started Early - Took my Dog -
And visited the Sea -
The Mermaids in the Basement
Came out to look at me -

And Frigates - in the Upper Floor
Extended Hempen Hands -
Presuming Me to be a Mouse -
Aground - upon the Sands -

But no Man moved Me - till the Tide
Went past my simple Shoe -
And past my Apron - and my Belt -
And past my Bodice - too -

And made as He would eat me up -
As wholly as a Dew
Upon a Dandelion's Sleeve -
And then - I started - too -

And He - He followed - close behind -
I felt his Silver Heel
Upon my Ankle - Then my Shoes
Would overflow with Pearl -

Until We met the Solid Town -
No One He seemed to know -
And bowing - with a Might look -
At me - The Sea withdrew -

Saí cedo - Meu Cão levei comigo -
Fui visitar o Mar -
Lá do Porão saíram as Sereias
E vieram me olhar -

Da Cobertura as Naus me ofereceram
A Encordoada Mão -
Tomando-me talvez por um Ratinho
Sobre a Areia - no Chão -

Mas Ninguém me tocou - até que n'água
A Maré me atingiu
Os Pés - e logo as Coxas - e a Cintura -
E o Peito me cobriu

E eu parecia prestes a afogar-me -
Qual na Flor ao cair
Uma gota de Orvalho fica presa -
E eu resolvi sair -

E Ele - Ele me seguiu com pés de prata
Ainda a me envolver
O Tornozelo - E fez os meus Sapatos
De Pérolas se encher -

Até que no Chão duro da Cidade
Um Estranho se achou -
E se curvando - a me fitar Altivo -
O Mar se retirou -

My Life had stood - a Loaded Gun -
In Corners - till a Day
The Owner passed - identified -
And carried Me away -

And now We roam in sovereign Woods -
And now We hunt the Doe -
And every time I speak for Him -
The Mountains straight reply -

And do I smile, such cordial light
Upon the Valley glow -
It is as a Vesuvian face
Had let its pleasure through -

And when at Night - Our good day Done -
I guard My Master's Head -
'Tis better than the Eider-Duck's
Deep Pillow - to have shared -

To foe of His - I'm deadly foe -
None stir the second time -
On whom I lay a Yellow Eye -
Or an emphatic Thumb -

Though I than He may longer live
He longer must - than I -
For I have but the power to kill,
Without - the power to die -

Minha Vida era uma Arma Carregada -
Nos cantos - um dia passou
O Proprietário - identificou-me -
Com Ele me levou -

E hoje exploramos as Florestas virgens -
E a Corça a sós vamos caçar -
E as Montanhas de pronto me respondem
Se eu por Ele falar -

E se eu sorrio uma faísca intensa
Sai pela Várzea a reluzir -
É como se um Vulcão mostrasse a face
Para se divertir -

E quando à Noite - após um dia cheio -
Cuido da Sua Proteção -
É bem melhor que os Edredons e as Plumas
Repartir no Colchão -

Não se livra de mim Seu inimigo -
Se é Seu rival - é meu rival -
O meu Olho Amarelo vai segui-lo
E o meu Dedo mortal -

Se viver mais do que Ele me é possível
Mais terá Ele que viver -
Pois eu posso matar - porém não tenho
O poder de morrer -

I held a Jewel in my fingers -
And went to sleep -
The day was warm, and winds were prosy -
I said "'Twill keep" -

I woke - and chid my honest fingers,
The Gem was gone,
And now, an Amethyst remembrance
Is all I own -

Forbidden Fruit a flavor has
That lawful Orchards mocks -
How luscious lies within the Pod
The Pea that Duty locks -

Tinha entre os dedos uma Jóia -
Deitei-me e fui dormir -
O dia estava quente e o vento fraco -
Pensei - "Não vai fugir" -

Acordo - e culpo os pobres dedos,
A Pedra se perdeu,
E agora, uma lembrança de Ametista
É o que há de meu -

O Fruto Proibido tem um gosto
Que zomba do Pomar da Lealdade -
É apetitosa a Ervilha que na Vagem
Do Dever é guardada -

From Cocoon forth a Butterfly
As Lady from her Door
Emerged - a Summer Afternoon -
Repairing Everywhere -

Without Design - that I could trace
Except to stray abroad
On Miscellaneous Enterprise
The Clovers - understood -

Her pretty Parasol be seen
Contracting in a Field
Where Men made Hay - then struggling hard
With an opposing Cloud -

Where Parties - Phantom as Herself -
To Nowhere - seemed to go
In purposeless Circumference -
As 'twere a Tropic Show -

And notwithstanding Bee - that worked -
And Flower - that zealous blew -
This Audience of Idleness
Disdained them, from the Sky -

Till Sundown crept - a steady Tide -
And Men that made the Hay -
And Afternoon - and Butterfly -
Extinguished - in the Sea -

De dentro do Casulo a Borboleta
Como uma Dama à Porta
Surgiu - era Verão e entardecia -
E a vagar já se pôs -

Sem outro Plano que de mundo afora
Sair - sem rumo certo -
Em mil Explorações que um Trevo iria -
Mas não eu - entender -

Sua bela Sombrinha expõe à vista
Dos Homens que no Campo
Faziam Feno - e uma contrária Nuvem
É forçada a enfrentar

Em que outros Avejões buscando o Nada
Se vão como ela própria -
Inútil trupe que em Circunferências -
Dos Trópicos chegou -

À Abelha - no labor compenetrada -
E à Flor - ao vento aberta -
Essa Platéia à toa lá de cima
Atenção não lhes deu -

E a Maré do Crepúsculo espalhou-se -
E os Homens que no Campo
Faziam feno - e a Tarde - e a Borboleta -
Foram morrer - no Mar -

A long - long Sleep - a famous - Sleep -
That makes no show for Morn -
By Stretch of Limb - or stir of Lid -
An independent One -

Was ever idleness like This?
Upon a Bank of Stone
To bask the Centuries away -
Nor once look up - for Noon?

All but Death, can be Adjusted -
Dynasties repaired -
Systems - settled in their Sockets -
Citadels - dissolved -

Wastes of Lives - resown with Colors
By Succeeding Springs -
Death - unto itself - Exception -
Is exempt from Change -

Um longo - longo Sono - um augusto - Sono -
Que - o Dia já chegando -
Não move um Braço - nem os Olhos abre -
Um Sono - sem Manhã -

Será que pode haver tanta Preguiça?
Nas Pedras estirar-se
Por Séculos ao Sol - o Meio-dia
Nem uma vez olhar?

Tudo pode ajustar-se exceto a Morte -
Restaurar Dinastias -
Reestruturar as Peças de um Sistema -
Baluartes - quebrar -

Restos de Vidas - costurar nas Cores
De Novas Primaveras -
A Morte - Exceção para si própria -
Não se pode mudar -

I had no time to hate
Because
The grave would hinder me -
And life was not so
Ample I
Could finish - enmity -

Nor had I time to love -
But since
Some industry must be -
The little toil of love -
I thought
Be large enough for me -

The Devil - had he fidelity
Would be the best friend -
Because he has ability -
But Devils cannot mend -
Perfidy is the virtue
That would but he resign
The Devil - without question
Were thoroughly divine

Não tive tempo para o ódio
Porque
Vivia a cova a me esperar -
E a vida não me foi tão longa
Que eu
Pudesse as rixas acabar -

Nem para o amor eu tive tempo -
Já que
Muito de mim tinha que dar -
O vão labor que o amor pedia
Achei
Duro demais para agüentar -

Fosse fiel o Diabo
Era um amigo sem igual -
Pois ele tem a sua arte -
Mas não muda afinal -
Se tão só a perfídia
Chegasse o Diabo a renegar
Não se duvide que ele iria
Divino se tornar

My life closed twice before its close -
It yet remains to see
If Immortality unveil
A third event to me

So huge, so helpless to conceive
As these that twice befell.
Parting is all we know of Heaven
And all we need of Hell.

When Night is almost done -
And Sunrise grows so near
That we can touch the Spaces -
It's time to smooth the Hair -

And get the Dimples ready -
And wonder we could care
For that old - faded Midnight -
That frightened - but an Hour -

Minha vida acabou por duas vezes -
Resta ser confirmado
Se na Imortalidade um novo evento
Me será revelado

Como esses que passei assim tão fora
De medida e de juízo -
Partir é tudo que do Céu conheço
E do Inferno preciso.

Quando a Noite se acaba -
E a Aurora está tão perto
Que o Espaço pode ser tocado - é hora
De ajeitar os Cabelos -

E aprontar as Covinhas -
E nem lembrar ao certo
Por que essa encarquilhada Meia-noite
Causava - pesadelos -

A shady friend - for Torrid days -
Is easier to find -
Than one of higher temperature
For Frigid - hour of Mind -

The Vane a little to the East -
Scares Muslin souls - away -
If Broadcloth Hearts are firmer -
Than those of Organdy -

Who is to blame? The Weaver?
Ah, the bewildering thread!
The Tapestries of Paradise
So notelessly - are made!

Surgeons must be very careful
When they take the knife!
Underneath their fine incisions
Stirs the Culprit - Life!

A sombra amiga - para os dias Quentes -
É mais fácil achar -
Que outra de mais calor nas horas Frias
Que o Espírito passar -

A alma de Musselina ao Vento Leste
Foge logo daqui -
Se o Coração de Casimira agüenta -
Não esses de Organdi -

A culpa de quem é? Da Costureira?
Ah, o fio é o vilão -
A Fiação do Paraíso - é feita
Por tão obscura Mão!

Cirurgiões precisam ter cautela
Com sua lâmina afiada -
Por sob as finas incisões se agita
A Vida - essa Culpada!

Nature and God - I neither knew
Yet Both so well knew me
They startled, like Executors
Of My identity.

Yet Neither told - that I could learn -
My Secret as secure
As Herschel's private interest
Or Mercury's affair -

Nature - sometimes sears a Sapling -
Sometimes - scalps a Tree -
Her Green People recollect it
When they do not die -

Fainter Leaves - to Further Seasons -
Dumbly testify -
We - who have the Souls - die oftener -
Not so vitally -

A Natureza e Deus - não os conheço
Mas Ambos tanto de mim sabem
Que se alarmaram como Executores
De minha Identidade.

Mas nada me disseram - que eu ouvisse -
O meu Segredo tão seguro
Como os negócios pessoais de Herschel
E o caso de Mercúrio -

A Natureza - tanto cresta o Arbusto -
Como uma Árvore - corta -
Os Verdes Seres não esquecem isso
Quando escapam da Morte -

A frágil Folha - às Estações vindouras -
Muda herança acrescenta -
Nós - que temos as Almas - é mais certo
Não deixarmos semente -

Each Life Converges to some Centre -
Expressed - or still -
Exists in every Human Nature
A Goal -

Embodied scarcely to itself - it may be -
Too fair
For Credibility's presumption
To mar -

Adored with caution - as a Brittle Heaven -
To reach
Were hopeless, as the Rainbow's Raiment
To touch -

Yet persevered toward - sure - for the Distance -
How high -
Unto the Saint's slow diligence -
The Sky -

Ungained - it may be - by a Life's low Venture -
But then -
Eternity enable the endeavoring
Again.

Cada Vida converge para um Centro -
Expresso - ou não -
Existe em cada Natureza Humana
Uma Intenção -

Mal contida em si própria - é possível -
Bela demais
Para a noção de Credibilidade
Deixar atrás -

Amada com cautela - um Céu Incerto -
Mas lá chegar
Seria como a Franja do Arco-íris
Querer tocar -

Sem desistir porém - rumo à Distância -
Que escuro o véu
Com que à morosa aplicação dos Santos
Se esconde o Céu -

Perdido - por Desígnio de uma Vida -
E - afinal - eis
Que a Eternidade deixa que se tente
Mais uma vez.

I found the words to every thought
I ever had - but One -
And that - defies me - as a Hand
Did try to chalk the Sun

To Races nurtured in the Dark -
How would your own - begin?
Can Blaze be shown in Cochineal
Or Noon - in Mazarin?

The words the happy say
Are paltry melody
But those the silent feel
Are beautiful -

Achei palavras para cada idéia
Que tive - e todavia -
Uma - não me contenta - assim o esboço
Do Sol a Mão faria

Para Raças criadas sob as Trevas -
A tua - que ousaria?
Pode a Chama mostrar-se em Cochinilha
E Anil - o Meio-dia?

As palavras na boca dos felizes
São músicas singelas
Mas as sentidas em silêncio
São belas -

Success is counted sweetest
By those who ne'er succeed.
To comprehend a nectar
Requires sorest need.

Not one of all the purple Host
Who took the Flag today
Can tell the definition
So clear of Victory

As he defeated - dying -
On whose forbidden ear
The distant strains of triumph
Burst agonized and clear!

We never know we go when we are going -
We jest and shut the Door -
Fate - following - behind us bolts it -
And we accost no more -

Somente quem nunca vence
Sabe que é doce vencer.
Só goza o sabor do néctar
Quem árdua sede sofrer.

Ninguém da fidalga Tropa
Que hoje hasteou o Pendão
Poderá ter da Vitória
Tão clara definição

Como quem caiu - morrendo -
E surdo o ouvido escutou
Alto o troar do triunfo
Que na distância soou.

Nunca sabemos se nos vamos ao sairmos -
Rindo a Porta fechamos -
Passa o destino atrás - e põe a trava -
E nunca mais entramos -

Again - his voice is at the door -
I feel the old Degree -
I hear him ask the servant
For such an one - as me -

I take a flower - as I go -
My face to justify -
He never saw me - in this life -
I might surprise his eye!

I cross the Hall with mingled steps -
I - silent - pass the door -
I look on all this world contains -
Just his face - nothing more!

We talk in careless - and in toss -
A kind of plummet strain -
Each - sounding - soundly - just - how - deep -
The other's one - had been -

We walk - I leave my Dog - at home -
A tender - thoughtful Moon -
Goes with us - just a little way -
And - then - we are alone -

Alone - if Angels are "alone" -
First time they try the sky!
Alone - if those "veiled faces" - be -
We cannot count - on High!

De novo - a sua voz está à porta -
O timbre há muito já conheço -
Ouço quando ao criado ele pergunta
Por ninguém mais - que eu -

Levo uma flor comigo - quando saio -
Para compor a minha face -
Ele nunca me viu - acho que devo
Surpreender seu olhar!

Cruzo o saguão com passos estudados -
Chego - em silêncio - até a porta -
E vejo tudo que no mundo conta -
A sua face - e só!

A conversa é à toa - atarantada -
A tensão - nos excita -
Sondando - tímidos - até que ponto
Cada um - se traiu -

Deixo em casa o meu cão - e nós saímos -
A lua - cheia de atenção -
Conosco caminhou - por pouco tempo -
E eis-nos a sós - então -

Sozinhos - se é que os anjos vão sozinhos
Tentar o vôo a céu aberto!
Sozinhos - se é que esses velados vultos
Ficam a sós - no Céu!

*I'd give - to live that hour - again -
The purple - in my Vein -
But He must count the drops - himself -
My price for every stain!*

A púrpura das veias eu daria
Para viver isto de novo -
Mas só se cada gota ele contasse -
Meu preço - pela dor!

I know lives, I could miss
Without a Misery -
Others - whose instant's wanting -
Would be Eternity -

The last - a scanty Number -
'Twould scarcely fill a Two -
The first - a Gnat's Horizon
Could easily outgrow -

The difference between Despair
And Fear - is like the One
Between the instant of a Wreck
And when the Wreck has been -

The Mind is smooth - no Motion -
Contented as the Eye
Upon the Forehead of a Bust -
That knows - it cannot see -

Conheço vidas cuja ausência
Não me dá Saudade -
Outras - um só momento longe delas
Seria a Eternidade -

Estas um Número pequeno -
Duas - não mais - seriam -
Aquelas - um Horizonte de Mosquitos
Facilmente encheriam.

A diferença que entre o Desespero
E o Medo existe é tal
O instante em que o Desastre se inicia
E o Desastre final -

A Mente está serena - não se move -
Contenta-se em saber -
Como sabem os Olhos de uma Estátua -
Que não poderá ver -

*To mend each tattered Faith
There is a needle fair
Though no appearance indicate -
'Tis threaded in the Air -*

*And though it do not wear
As if it never Tore
'Tis very comfortable indeed
And spacious as before -*

*Your thoughts don't have words every day
They come a single time
Like signal esoteric sips
Of the communion Wine
Which while you taste so native seems
So easy so to be
You cannot comprehend its price
Nor its infrequency*

Há uma sutil agulha que costura
A Fé que se puir -
Não se vê aparência de remendo -
É etéreo o cerzir.

E embora sinta-se no uso diário
Que algo ali se alterou
Fica tão confortável e folgado
Como quando rasgou.

Nem todo dia a idéia acha palavras
Uma só vez elas virão
Como esotéricas porções do vinho
Dado na comunhão
Que ao paladar tão natural parece
Tão ordinário é talvez
Que seu alto valor ninguém entende
Nem a sua escassez

You cannot make Remembrance grow
When it has lost its Root -
The tightening the Soil around
And setting it upright
Deceives perhaps the Universe
But not retrieves the Plant -
Real Memory, like Cedar Feet
Is shod with Adamant -
Nor can you cut Remembrance down
When it shall once have grown -
Its Iron Buds will sprout anew
However overthrown -

Witchcraft was hung, in History,
But History and I
Find all the Witchcraft that we need
Around us, every Day -

Ninguém fará crescer uma Lembrança
Que as Raízes perdeu -
Querer socar o Solo em sua volta
E em estacas erguê-la
Pode enganar o Mundo - mas a planta
Não se renovará -
Essa Memória, como os Pés do Cedro,
Na Pedra é que se calça -
Nem se pode matar uma Lembrança
Que já se arraigou -
Os seus Brotos de Ferro dispersados
Florescerão de novo -

Na História as bruxas foram enforcadas
Porém eu e a História
Temos os bruxos de que precisamos
Todo dia entre nós -

Truth - is as old as God -
His Twin identity
And will endure as long as He
A Co-Eternity -

And perish on the Day
Himself is borne away
From Mansion of the Universe
A lifeless Deity.

We'll pass without the parting
So to spare
Certificate of Absence -
Deeming where

I left Her I could find Her
If I tried -
This way, I keep from missing
Those that died.

Tão velha como Deus - Sua alma gêmea -
É a Verdade
E durará como Ele em longa
Co-Eternidade -

E acabará no dia em que Ele
For à saída
Da Mansão do Universo carregado
Um Deus sem vida.

Melhor me dou sem despedida
Para evitar
Dar certidão de minha Ausência -
Se eu procurar

Onde a deixei vou encontrá-la
Suponho eu -
É assim que nunca sinto falta
De quem morreu.

A Thought went up my mind today -
That I have had before -
But did not finish - some way back -
I could not fix the Year -

Nor where it went - nor why it came
The second time to me -
Nor definitely, what it was -
Have I the Art to say -

But somewhere - in my Soul - I know -
I've met the Thing before -
It just reminded me — 'twas all -
And came my way no more -

Auto da Fe - and Judgment -
Are nothing to the Bee -
His separation from His Rose -
To Him - sums Misery -

Hoje me veio à mente um Pensamento
Que antes já me ocorrera
Mas que então incompleto - me ficara -
Em que Ano foi não sei -

Nem onde ele chegou - nem por que veio
Outra vez visitar-me -
Nem absolutamente eu saberia
Uma Forma lhe dar -

Mas sei - que nalgum canto de minha Alma -
Já estivera essa Coisa -
Só quis que eu a lembrasse - apenas isso -
E nunca mais voltou -

O Auto da Fé e o Dia do Juízo
Nada são para a Abelha -
É a separação da sua Rosa
Que na Miséria a deixa -

A Visitor in Marl -
Who influences Flowers -
Till they are orderly as Busts -
And Elegant - as Glass -

Who visits in the Night -
And just before the Sun -
Concludes his glistening interview -
Caresses - and is gone -

But whom his fingers touched -
And where his feet have run -
And whatsoever Mouth be kissed -
Is as it had not been -

"Faith" is a fine invention
When Gentlemen can see -
But Microscopes are prudent
In an Emergency.

De Cal a Visitante -
Que às Flores põe sentido -
Deixa todas bem-postas como Bustos -
E Esbeltas - como Vidro -

Ela chega de Noite -
Logo após o Sol nasce -
Conclui a sua rápida entrevista -
Faz um carinho - e vai-se -

Mas quem tocou com o dedo -
E onde o pé demorou-se -
E a Boca de quem quer que haja beijado -
É como se não fosse -

A "Fé" é um ótimo instrumento
Quando se pode ver -
Numa Emergência ao Microscópio
É melhor recorrer.

I heard a Fly buzz - when I died -
The Stillness in the Room
Was like the Stillness in the Air -
Between the Heaves of Storm -

The Eyes around - had wrung them dry -
And Breaths were gathering firm
For that last Onset - when the King
Be witnessed - in the Room -

I willed my Keepsakes - Signed away
What portion of me be
Assignable - and then it was
There interposed a Fly -

With Blue - uncertain stumbling Buzz -
Between the light - and me -
And then the Windows failed - and then
I could not see to see -

Uma Mosca zumbiu - quando eu morria -
Dentro do Quarto o Silêncio
Era o Silêncio de uma Tempestade
Entre um e outro Arquejar -

Os Olhos em redor - a custo enxutos -
E os Fôlegos já contidos
Para testemunhar o último Assalto -
Quando a Rainha chegar -

Desfiz-me de Lembranças - a Renúncia
Firmei do que em mim podia
Alienar - e então é que me chega
Essa Mosca a se meter -

Com seu Zumbido Azul trôpego - incerto -
Entre mim e a luz - e é quando
A Janela caiu - e eu desse jeito
Não pude ver - para ver -

The Doomed - regard the Sunrise
With different Delight -
Because - when next it burns abroad
They doubt to witness it -

The Man - to die - tomorrow -
Harks for the Meadow Bird -
Because its Music stirs the Axe
That clamors for his head -

Joyful - to whom the Sunrise
Precedes Enamored - Day -
Joyful - for whom the Meadow Bird
Has ought but Elegy!

Could mortal lip divine
The undeveloped Freight
Of a delivered syllable
'Twould crumble with the weight.

O Amanhecer traz ao Desenganado
O mais raro Prazer -
Pois - quando ele voltar em brasa
Não o espera rever -

Atento fica à Cotovia o Homem
Que está para partir -
Pois ao seu canto vem a Foice
A cabeça exigir -

Ditoso - quem a Aurora Enamorada
Traz-lhe o Dia também -
Ditoso - quem da Cotovia
Elegia não tem!

Pudesse perceber o lábio humano
A Carga em perspectiva
Em uma sílaba pronunciada
O peso o esmagaria.

I like a look of Agony,
Because I know it's true -
Men do not sham Convulsion,
Nor stimulate a Throe -

The Eyes glaze once - and that is Death -
Impossible to feign
The Beads upon the Forehead
By homely Anguish strung.

A little Madness in the Spring
Is wholesome even for the King,
But God be with the Clown -
Who ponders this tremendous scene -
This whole Experiment of Green -
As if it were his own.

Gosto de um rosto em Agonia
Porque sei que é real -
A Convulsão não pode ser fingida
Nem o Transe final -

O Olho congela - e isto é a Morte -
Não há como evitar
O Rosário na Testa que a Ânsia crua
Se põe a desfiar.

Na Primavera um quê de Insensatez
Até ao Rei lhe fará bem, talvez,
Mas Deus ao Bobo dê razão -
Que acha que esse cenário excepcional -
Esse Ensaio de Verde universal -
É sua própria criação.

If I can stop one Heart from breaking
I shall not live in vain.
If I can ease one Life the Aching
Or cool one Pain

Or help one fainting Robin
Unto his Nest again
I shall not live in Vain.

That Such have died enable Us
The tranquiller to die -
That Such have lived, certificate
For Immortality.

Se eu puder evitar que um Coração padeça
Não viverei em vão.
Se eu fizer que na Vida alguém esqueça
A Dor ou a Aflição

Ou se ajudar um Pássaro caído
A retornar ao Ninho
Não viverei em vão.

Que Esses tenham morrido à nossa morte
Dá mais tranqüilidade -
Que Esses tenham vivido é um atestado
Da Imortalidade.

The right to perish might be thought
An undisputed right -
Attempt it, and the Universe
Upon the opposite
Will concentrate its officers -
You cannot even die
But nature and mankind must pause
To pay you scrutiny.

The overtakelessness of those
Who have accomplished Death
Majestic is to me beyond
The majesties of Earth.

The soul her "Not at Home"
Inscribes upon the flesh -
And takes her fair aerial gait
Beyond the hope of touch.

Ter o direito de morrer devia
Ser um direito indiscutível -
Mas tenta usufruí-lo - e o Universo
Fará todo o possível
Para com seus xerifes impugná-lo -
E se tens hoje que finar-te
A Natureza e a Humanidade param
Só para investigar-te.

Para mim a inacessibilidade
Que se alcança ao morrer
É mais sublime do que as maravilhas
Que na Terra se vê.

A alma deixa na carne o seu aviso
Que em casa não está -
E sai aérea e bela e ninguém pode
Nela sequer tocar.

Heart not so heavy as mine
Wending late home -
As it passed my window
Whistled itself a tune -

A careless snatch - a ballad -
A ditty of the street -
Yet to my irritated Ear
An Anodyne so sweet -

It was as if a Bobolink
Sauntering this way
Carolled, and paused, and carolled -
Then bubbled slow away -

It was as if a chirping brook
Upon a toilsome way -
Set bleeding feet to minuets
Without the knowing why -

Tomorrow night will come again
Perhaps weary and sore -
Ah Bugle! By my window
I pray you pass once more.

Um Coração não como o meu tão triste
Voltando tarde para casa
Sob a minha janela vai passando
E põe-se a assoviar -

Notas soltas à toa - uma balada -
Fugaz - efêmera cantiga -
Mas para os meus ouvidos inquietos
Um Bálsamo sutil -

Foi como se lá fora a Triste-pia
Longe do seu itinerário
Um canto de estacatos e gorjeios
Perdesse pelo ar -

Foi como se um regato borbulhante
Num leito duro e tortuoso
Sangrasse os pés ao som de minuetos
Sem ver por onde andou -

Amanhã, que de novo a noite chega -
Talvez enferma e fatigada -
Ah Pífaro! Sob a minha janela
Vem outra vez passar -

A door just opened on a street -
I - lost - was passing by -
An instant's width of warmth disclosed -
And wealth - and company -

The door as sudden shut - and I -
I - lost - was passing by -
Lost doubly - but by contrast - most -
Informing - misery -

The Auctioneer of Parting
His "Going, going, gone"
Shouts even from the Crucifix,
And brings his Hammer down -
He only sells the Wilderness,
The prices of Despair
Range from a single human Heart
To Two - not any more -

Uma porta na rua se entreabriu -
Eu - só - sem rumo eu ia -
Breve cena de afeto e convivência -
E de riqueza - eu vi -

A porta foi fechada às pressas - e eu -
Eu - só - sem rumo eu ia -
Só e sem rumo fui - mas por contraste -
A miséria - entendi -

O Leiloeiro da Separação
O seu "Dou-lhe uma, duas, três"
Calmo gritou ao pé da Cruz
E o Martelo bateu -
Vendeu agora a Terra de Ninguém -
O Desespero vai custar
Talvez um simples Coração
Ou dois - e nada mais -

Crumbling is not an instant's Act
A fundamental pause
Dilapidation's processes
Are organized Decays.

'Tis first a Cobweb on the Soul
A Cuticle of Dust
A Borer in the Axis
An Elemental Rust -

Ruin is formal - Devil's work
Consecutive and slow -
Fail in an instant, no man did
Slipping - is Crash's law.

Each that we lose takes part of us
A crescent still abides,
Which like the moon, some turbid night,
Is summoned by the tides.

Não é obra do instante a Decadência -
Pausa fundamental -
A Deterioração como um processo
Ordenado se faz.

É uma Teia de Aranha dentro da Alma
Uma Crosta de Pó
A Fissura no Eixo da Pilastra
Ferrugem ao redor -

A ruína tem forma - obra do Diabo
Pertinaz - vez a vez -
Ninguém falha de súbito - na Queda
Deslizar - é a Lei.

Parte de nós se vai se algo perdemos -
Um crescente perdura
Que, como a lua, a maré chama
Em uma noite escura.

*There is a Zone whose even Years
No Solstice interrupt -
Whose Sun constructs perpetual Noon
Whose perfect Seasons wait -*

*Whose Summer set in Summer, till
The Centuries of June
And Centuries of August cease
And Consciousness - is Noon.*

*The Life we have is very great.
The Life that we shall see
Surpasses it, we know, because
It is Infinity.
But when all Space has been beheld
And all Dominion shown
The smallest Human Heart's extent
Reduces it to none.*

Há uma Zona onde os Anos são iguais e nunca
O Solstício perturbam -
Perfeitas Estações demoram-se - é perpétuo
O Sol do Meio-dia -

O Verão no Verão começa - até que acabam
Os Séculos de Junho
E os Séculos de Agosto - e a Consciência
É o Meio-dia.

Nosso quinhão de Vida é muito grande.
Melhor vai ser ainda
O que havemos de ter, porque sabemos
Que ele será infindo.
Mas quando o Espaço todo for aberto
E Domínio mostrado
O pequeno tamanho da Alma Humana
Vai reduzi-la a nada.

*I fear a Man of frugal Speech -
I fear a Silent Man -
Haranguer - I can overtake -
Or Babbler - entertain -*

*But He who weigheth - While the Rest -
Expend their furthest pound -
Of this Man - I am wary -
I fear that He is Grand -*

*It's such a little thing to weep -
So short a thing to sigh -
And yet - by Trades - the size of these
We men and women die!*

Receio o Homem breve no Discurso -
O Homem que se cala -
O Fanfarrão - eu surpreendo -
Divirto - o Tagarela -

Mas aquele que pesa - enquanto o resto
Gasta o grosso e o miúdo -
Temo que seja um Grande Homem
E o trato com cuidado -

Choros são ninharias tão pequenas -
Suspiros - coisas tão reles -
Mas é de tais - Ocupações - que morrem
Homens e mulheres!

Departed - to the Judgment -
A Mighty Afternoon -
Great Clouds - like Ushers - leaning -
Creation - looking on -

The Flesh - Surrendered - Cancelled -
The Bodiless - begun -
Two Worlds - like Audiences - disperse -
And leave the Soul - alone -

'Twas later when the Summer went
Than when the Cricket came -
And yet we knew that gentle Clock
Meant nought but Going Home -
'Twas sooner when the Cricket went
Than when the Winter came
Yet that pathetic Pendulum
Keeps esoteric Time.

Encaminhados - para o Julgamento -
Numa Tarde de Gala -
As Nuvens - curvam-se - como Porteiros -
A Criação - a olhar -

A Carne - Abandonada - Eliminada -
Começou - o Incorpóreo -
Dois Mundos - quais Platéias - se dispersam -
E deixam a Alma - só -

Quando o Verão se foi era mais tarde
Do que o Grilo chegou -
Mas se sabia que no seu Relógio
Só queria Voltar -
Quando o Grilo se foi era mais cedo
Do que o Inverno chegou -
Esse Pêndulo excêntrico é que deixa
O Tempo a desandar.

The Dying need but little, Dear,
A Glass of Water's all,
A Flower's unobtrusive Face
To punctuate the Wall,

A Fan, perhaps, a Friend's Regret
And Certainty that one
No color in the Rainbow
Perceive, when you are gone.

Oh Life, begun in fluent Blood
And consummated dull -
Achievement, contemplating thee -
Feels transitive and cool.

Quem morre, Amor, pouco lhe basta -
Um Copo d'Água para a sede,
Uma discreta Flor em frente
Realçando a Parede,

Talvez um Leque, um Amigo aflito,
E a Convicção que alguém na vida
Não verá cores no Arco-Íris
Após tua Partida.

Oh Vida iniciada em Sangue fluido
E inerte concluída -
Qualquer Façanha ao estimar-te -
É transitória e fria.

It was not Death, for I stood up,
And all the Dead, lie down -
It was not Night, for all the Bells
Put out their Tongues, for Noon.

It was not Frost, for on my Flesh
I felt Siroccos - crawl -
Nor Fire - for just my Marble feet
Could keep a Chancel, cool -

And yet, it tasted, like them all,
The Figures I have seen
Set orderly, for Burial,
Reminded me, of mine -

As if my life were shaven,
And fitted to a frame,
And could not breathe without a key,
And 'twas like Midnight, some -

When everything that ticked - has stopped -
And Space stares all around -
Or Grisly frosts - first Autumn morns,
Repeal the Beating Ground -

But, most, like Chaos - Stopless - cool -
Without a Change, or Spar -
Or even a Report of Land -
To justify - Despair

Não era a Morte, pois de pé me erguia,
E os que morrem - desabam -
Não era a Noite - em sua Língua os Sinos
"Meio-dia" - falavam -

Não era o Gelo, pois na minha Carne
Rastejava - o Siroco -
E se a capela os pétreos pés me tinham
Frios - não era o Fogo -

Mas me sabiam a essas coisas todas
Os Vultos que eu já vira
Postos em ordem para algum Enterro
Que o meu me parecia -

Qual se aparada a minha vida fora
Para caber num quadro,
Sem poder respirar, perdida a chave,
E a Meia-noite ao lado -

Quando tudo que pulsa - agora extinto -
E o Espaço a olhar em volta -
O Gelo horrendo na manhã de Outono
Cobrindo a Terra morta -

E mais o Caos - irrefreável - frio -
Sem Mudança ou Roteiro -
Sem Notícia do Mundo que dê causa
A esse Desespero

Of all the Souls that stand create -
I have elected - One -
When Sense from Spirit - files away -
And Subterfuge - is done -

When that which is - and that which was -
Apart - intrinsic - stand -
And this brief Drama in the flesh -
Is shifted - like a Sand -

When Figures show their royal Front -
And Mists - are carved away,
Behold the Atom - I preferred -
To all the lists of Clay!

Look back on Time, with kindly eyes -
He doubtless did his best -
How softly sinks that trembling sun
In Human Nature's West -

Dentre todas as Almas já criadas -
Uma - foi minha escolha -
Quando Alma e Essência - se esvaírem -
E a Mentira - se for -

Quando o que é - e o que já foi - ao lado -
Intrínsecos - ficarem -
E o Drama efêmero do corpo -
Como Areia - escoar -

Quando as Fidalgas Faces se mostrarem -
E a Neblina - fundir-se -
Eis - entre as lápides de Barro -
O Átomo que eu quis!

Olha atrás para o Tempo com bons olhos -
Ele fez o possível - com certeza -
Como é suave o sol que cai no Oeste
Da Humana Natureza -

O OUTRO CÉU
(INVENÇÕES)

A tradução não é possível se não for reinventada.
Bia Ortiz

*Soul, take thy risk.
With Death to be
Were better than be not
With thee*

*In this short Life
That only lasts an hour
How much - how little - is
Within our power*

Aceita o risco
alma minha
    gentil
melhor a morte
que a mágoa
(sem remédio)
de perder-te

Nesta vida tão curta
que só dura
uma hora

   (the lyf so short
   the craft so long
     to lerne)

é tanto é tão pouco
o que se pode
    fazer

Had this one Day not been,
Or could it cease to be
How smitten, how superfluous,
Were every other Day!

Lest Love should value less
What Loss would value more
Had it the stricken privilege,
It cherishes before.

Soft as the massacre of Suns
By Evening's Sabres slain

Não houvesse
este dia
ou deixasse
de haver
outro qualquer inútil
    haveria
    de ser

Para não dar pouco valor
ao que o fracasso iria
(caso lhe fosse dado o privilégio)
    supervalorizar
    o amor chegou
tratando o dia com carinho
e consideração

Doce como o Massacre
de Sóis feridos de Morte
    pelos Sabres
    da Tarde

*Today or this noon
She dwelt so close
I almost touched her -
Tonight she lies
Past neighborhood
And bough and steeple,
Now past surmise.*

*Distance - is not the Realm of Fox
Nor by Relay of Bird
Abated - Distance is
Until thyself, Beloved.*

Hoje por volta
do meio-dia
ela estava tão perto
   que eu podia
    tocá-la
Hoje à noite ela está
para lá destas ruas
   das árvores
   dos sinos
para lá de qualquer
conjectura

A Distância não fica
onde a raposa mora
nem a vôo de pássaro
   se calcula

A Distância é
de mim até você
   Meu Bem

A word is dead
When it is said,
Some say.
I say it just
Begins to live
That day.

A sepal, petal, and a thorn
Upon a common summer's morn -
A flask of Dew - a Bee or two -
A Breeze - a caper in the trees -
And I'm a Rose!

Uma palavra morre
ao ser pronunciada
é o que se diz

*(flor que se cumpre
sem pergunta)*

Digo que é nesse
    exato dia
que ela começa
    a viver

Sépala Pétala Espinho
o Verão a Manhã
um Frasco de Orvalho
uma ou duas Abelhas
    a Brisa
um Rebuliço de Folhas
(o que é o que é)

*UMA ROSA
É UMA ROSA
É UMA ROSA É UMA
    ROSA*

Her smile was shaped like other smiles -
The Dimples ran along -
And still it hurt you, as some Bird
Did hoist herself, to sing,
Then recollect a Ball, she got -
And hold upon the Twig,
Convulsive, while the Music broke -
Like Beads - among the Bog -

Como qualquer sorriso
era o sorriso dela
com covinhas e tal
   e ainda assim
   te doía
qual pássaro que se ergue
para cantar
e lembrando-se da pedra
   que o feriu
agarra-se ao galho
em convulsão
e a música lhe escapa
esperdiçada
   (como pérolas
    na lama)

Before He comes we weigh the Time!
'Tis Heavy and 'tis Light.
When He depart, an Emptiness
Is the prevailing Freight.

To see the Summer Sky
Is Poetry, though never in a Book it lie -
True Poems flee -

Antes que ele chegue a gente vem
   e pesa o tempo

   (é muito é quase nada)

Depois que ele se vai
o vazio é o peso
   que fica

Ver o céu de verão é Poesia
que ninguém vai prender
   num livro

Os bons poemas
   fogem

To make a prairie it takes a clover and one bee,
One clover, and a bee,
And revery.
The revery alone will do,
If bees are few.

We lose - because we win -
Gamblers - recollecting which
Toss their dice again.

Para fazer um prado toma-se a abelha e um trevo
uma abelha e o trevo
(abelha e trevo
e devaneio)

   O devaneio basta
   se houver poucas
   abelhas

A gente perde
porque ganha
a gente faz
un coup de dés
porém jamais
se abolirá
o azar

Vê lá quem é
que vai jogar
de novo

The Way I read a Letter's - this -
'Tis first - I lock the Door -
And push it with my fingers - next -
For transport it be sure -

And then I go the furthest off
To counteract a knock -
Then draw my little Letter forth
And slowly pick the lock -

Then - glancing narrow, at the Wall -
And narrow at the floor
For firm Conviction of a Mouse
Not exorcised before -

Peruse how infinite I am
To no one that You - know -
And sigh for lack of Heaven - but not
The Heaven God bestow -

É assim que leio uma carta
fecho a porta do quarto e me asseguro
que está trancada
para que não me fuja
   a excitação
aí me afasto da porta
para não ser surpreendida
   se alguém bater
aí olho as paredes olho o chão apreensiva
com medo que sei lá
a alma de um rato
esteja à espreita
e devagar e com cuidado
   eu abro a carta

E aí leio que sou
tudo no mundo
para alguém
nem queira saber
   quem é

E fico suspirando pelo Céu
mas outro Céu não o Céu
   que Deus dará

*The Definition of Beauty is
That Definition is none -
Of Heaven, easing Analysis,
Since Heaven and He are one.*

*These Strangers, in a foreign World,
Protection asked of me -
Befriend them, lest Yourself in Heaven
Be found a Refugee -*

Definição para a Beleza
   é que não há
definição

O Céu já é mais fácil
   definir
Tanto o Céu como a Beleza
   é tudo igual

Os Estrangeiros
de outro mundo
me pedem
proteção
Ajuda quem sabe um dia
não vais pedir asilo
   no Céu

By Chivalries as tiny,
A Blossom, or a Book,
The seeds of smiles are planted -
Which blossom in the dark.

No Rose, yet felt myself a'bloom,
No Bird - yet rode in Ether -

Essas pequenas
gentilezas
como um livro
   uma flor
são as sementes
de sorrisos
que vão no escuro
   brotar

Rosa não mas me sentia
  desabrochando

Pássaro não mas voava
   no éter

All the letters I can write
Were not fair as this -
Syllables of Velvet -
Sentences of Plush,
Depths of Ruby, undrained,
Hid, Lip, for Thee -
Play it were a Humming Bird -
And just sipped - me -

Eu nunca mais
faço uma carta
tão amável
como esta

Sílabas de veludo
frases de pelúcia
abismos de rubi não explorados
   reservados
    (ó lábio)
   para ti

Faz de conta que foi
um beija-flor
que agora mesmo
me sugou

I never lost as much but twice,
And that was in the sod.
Twice have I stood a beggar
Before the door of God!

Angels - twice descending
Reimbursed my store -
Burglar! Banker - Father!
I am poor once more!

Duas vezes perdi
tudo que tinha
   e no barro
    caí
duas vezes
fui Mendiga
   ante a porta
   de DeuS

AnJos vieram
duas vezes
reembolsar-me
das perdas
    LADRÃO
    BANQUEIRO
    PAI
   estou pobre
   outra vez

**CADASTRO
ILUMI/URAS**

Para receber informações sobre nossos lançamentos e promoções envie e-mail para:

cadastro@iluminuras.com.br

A *Iluminuras* dedica suas publicações à memória de sua sócia Beatriz Costa [1957-2020] e a de seu pai Alcides Jorge Costa [1925-2016].